U0050495

SeaEagle

SeaEagle

這是一本被查禁70年的「致富之書」

矽谷禁書

MASTER KEY ARCANA

共同推薦

「微軟帝國」創辦人	「成功學之父」	「蘋果公司」創辦人	「甲骨文公司」董事長
比爾・蓋茲	拿破崙・希爾	史蒂夫・賈伯斯	賴瑞・艾利森
BILL GATES	NAPOLEON HILL	STEVEN JOBS	LARRY ELLISON

「吸引力法則之父」獲得巨大財富的秘密

在美國矽谷，每個人都聽過一個傳說：
1912年，一本神秘之書在幾個月之內銷售20餘萬冊，
但是到了1933年，很多商人不願意讓更多的人看到此書，
擔心他們因為此書而致富，於是要求美國教會查禁這本書。
2003年，這本書被查禁70年以後，在美國得到解禁，
立刻有數十個版本問世，成為最熱門的暢銷書！

Charles Haanel
查爾斯・哈奈爾／著　靜濤／譯

拿破崙．希爾的感謝信

親愛的哈奈爾先生：

也許您還記得我，《金規則》的編輯拿破崙．希爾。

首先，請允許我向您報告一個好消息，我剛剛被一家價值一千萬美元的公司雇用，每個月只需要工作幾天，年薪十萬零五千二百美元，也同意我可以繼續擔任《金規則》的編輯。

您大概已經知道，正如《金規則》一月號（我的秘書寄了一份給您）的社論中所說，我在二十二年以前，只是一個每天賺一美元的煤礦工人。

之所以要跟您說這些，最大的原因是：我目前取得的成功，以及我作為拿破崙．希爾學會會長之後的所有成就，完全歸功於「矽谷禁書」制定的那些體系與原則。

您幫助人們認識到，一個人可以在他的想像中創造出來的成就，沒有什麼是不能實現的。我們需要做的，只是把蘊涵在我們自身內部的所有潛在力量激發出來。

非常感謝您讓我及時看到這本書，也感謝您正在讓更多的人瞭解這本書中的精華。我希望可以與您合作，不遺餘力地把這些課程推薦給我可以接觸到的人，讓他們與我共同分享這本書帶給我們的成果。

親切而真誠地，拿破崙．希爾

《金規則》編輯

芝加哥，伊利諾州

一九一九年四月二十一日

前言

微軟公司創立於一九七五年，這家當初名不見經傳的公司，日後成為尖端新技術的代名詞。與其說創立這家公司是出於比爾・蓋茲對電腦技術的熱愛，不如說是一個偶然的機會，讓他毅然棄學，開創微軟帝國。

蓋茲十九歲的時候，在一個上流社會的同學家偶然看到一本書——《矽谷禁書》。正是這本書，開啟少年蓋茲最初的夢想。

世界上最著名的成功學暢銷書作家拿破崙・希爾，因為這本書，每年獲取財富十萬五千兩百美元，當時美國平均每人所得只有七百五十美元。透過這本書，他寫出自己的成功學著作，並且專門為這本書寫了感謝信。這本書到底有什麼魔力，讓蓋茲和希爾最終得以實現自己的夢想，並且讓更多的人對它產生好奇？

一九一二年，美國企業家查爾斯・哈奈爾出版《矽谷禁書》，幾個月之內就銷售二十餘萬冊，許多人的人生因為這本書的出現而改變，但是到了一九三三年，這本神奇的書籍卻突然從市場上消失了，原因是很多成功的商人不願意讓更多的人看到此書，擔心他們因為此書而致富。這些商人聯合起來，要求美國教會查禁這本書。

此後，這本書只能以手抄本的形式在上流社會中流傳。當時，甚至需要花費一千五百美元，才可以得到一部《矽谷禁書》的手抄本，一千五百美元相當於當時一個人兩年的收入。值得慶幸的是，這本塵封許久的神秘之書終於在二〇〇三年重見天日。在被禁了七十年以後，更多的人得以再見它的廬山真面目，上市以後，立刻成為最熱門的暢銷書。

這本書闡述生命以及創造性人生的基本原理，是迄今為止關於自我提升和深層自省的最經典作品。從如何致富寫到家庭教育，從創業歷練講到職業操守，可謂包羅萬象。它傳授為所有成就奠定基礎的終極原則、理念、因果、法則，創立一種關於成功的、全新的、最實效的體系。

解禁至今，這本書創立的體系被越來越多的專業人士注入新的時代力量，使之成為與時俱進、不斷自我豐富的價值體，由此組成以這本書為母體的成功學系統。

本書正是以這種體系為框架，分別從心靈的自助、自我意識的啟發、主動能量的提升、自我關係的設定、子女教育方式的轉換、內心的修養與扶助、對職業操守的堅持、永不放棄的追求、探求本我的發展之道、面對現實而不恐慌於現實的耐力與突破力等方面，分析當下人們內心的矛盾與糾結，力圖透過許多富有哲理的故事，為讀者打開一扇重新發現自我、關照自我的通道。例如：第一章「偉大的自然規律——吸引力法則」，這是一種心靈自助的方式，它提供的方式其實很明顯——排除外界的干擾，釋放生命的自由。

本書突顯的是我們自身的寧靜，對於外界紛繁事物的取捨。這就像是孟子所言的魚與熊掌，懂得放棄，懂得取捨，內心就會清淨，外物就不會給我們帶來紛擾，進而讓我們取得豐饒的生命體驗。如果你希望有所成就，「矽谷禁書」體系會告訴你怎樣去做。利用這個體系，結果會讓你感到驚訝，甚至不敢相信，這也是本書編者的最大心願。

目錄

一第二章一

你就是萬眾矚目的強者

一第三章一
生活處處是課堂

一第四章一
人生並非由上帝定局，你也可以改寫

第五章 接受現實，是成熟的開始

第六章 沒有窮困的世界，只有貧瘠的心靈

第七章 只專注於自己追求的那個目標

一第八章一
我們一生的工作，就是認識自己

第九章 被挑戰，是一種存在的榮耀

第十章 讓自己進步，而不是和別人競爭

第十一章

轉換困難，才可以戰勝困難

第十二章

相信「積極心態」的巨大力量

第一章

偉大的自然規律——吸引力法則

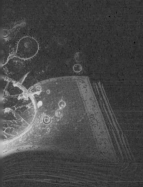

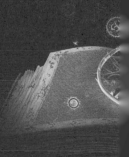

持續不斷地給自己積極的暗示

有一位美國頂尖的保險業務經理，要求所有的業務員每天早上出門工作之前，先在鏡子前用五分鐘的時間看自己，並且對自己說：「你是最棒的保險業務員，今天你就要證明這一點，明天也是如此，一直都是如此。」

經由這位業務經理的安排，每個業務員的丈夫或妻子，在他們出門工作之前，都以這段話向他們告別：「你是最棒的保險業務員，今天你就要證明這一點。」

結果，這些業務員的業績都在保險業居於領先地位，他們必須努力工作，儘管賣保險不是一件容易的事情，因為從來沒有人會主動購買保險。

這位經理運用的就是自我暗示的原理。風可以使一艘船駛向東，也可以使它駛向西，自我暗示原則也可以將你推向高峰，或是使你墜入低谷。**因此，我們需要做的就是不斷地給自己積極的自我暗示——暗示自己一定會成功，會獲得發展和進步。**

如果你「認為」自己會失敗，你已經失敗了。

如果你「認為」自己不敢，你就會不敢。

如果你想要贏卻「認為」贏不了，幾乎可以斷定你與勝利無緣。

如果你「認為」自己會輸，你已經輸了。

成功始於人們之「意志」——一切決於「心念」之間。

如果你不斷地向自己灌輸某件事情，你的潛意識就會接受它，並且信以為真。如果你的潛意識相信並且接受某件事情，就會努力地把這個想法轉化成事實。如果你可以有意識地計畫安排，讓你的內心充滿積極的想法，就可以從中獲益。肯定地告訴自己的潛意識「我有能力完成想要做的任何事情」，每天重複這些自我激勵的語句，直到它們成為自動的反應。你懷疑自己的時候，這些語句就會自動浮現。

從人體的構造來說，人類的大腦中有一個潛意識部分，蘊藏著無窮的力量，每個人都可以發掘出這種力量，運用在任何一個目標上。方法非常簡單，只要用簡短的語句命令大腦，潛意識就像一個無形的巨人，隨時可以接受你的指揮，為你做任何事情。

每位成功者都有一套調整思想的方法，他們密集地將自己選擇的目標輸入潛意識，使它沒有機會接觸任何負面的思想。技巧不重要，只要明確地描述自己想要什麼，並且將這項資訊反覆地傳達給潛意識即可。

自古以來，不知道有多少思想家、傳教士、教育者不斷地強調信心與意志的重要性。但是他們沒有明確指出：信心與意志是一種心理狀態，是一種可以用自我暗示誘導和修練出來的心理狀態。這個結論是以心理暗示決定行為這個事實為依據。

我們生活的多數情況是：既不是一無所有，也不是事事如意。這種一般的境遇，相當於「半杯咖啡」。你面對這半杯咖啡，心裡會產生什麼想法？最好的選擇是告訴自己：「太好了，我還有半杯咖啡！」

有些人說，所有的成就和財富都始於一個意念。我們還可以說得更淺顯：習慣於在心理上進行什麼樣的自我暗示，就是你成功或失敗的根本原因。走向成功的主要途徑是：堅持在心理上進行積極的自我暗示，去做那些你想要做又害怕做的事情。

比爾在十九歲的時候，創辦一家經營獸皮和皮革的商店，不久他破產了，但是挫折沒有壓倒這個年輕人，反而更加激勵他。不久，他開始尋找獲得成功的新方法。

比爾急欲致富，他認為自己可以在勵志的書籍中找到獲得財富的方法，於是到圖書館裡尋找相關的圖書。在那裡，他發現一本關於致富的書，不禁欣喜若狂。他將它借出，讀了一遍又一遍，但是讀了三遍以後，還是無法準確地理解世界財團們是如何獲得財富。

他閱讀第四遍的時候，奇蹟發生了。那一天，他到新德里一條商業大街上悠閒地漫步，佇立在一個肉類市場的櫥窗前向上仰望，就在那個瞬間，得到一個稍縱即逝的致富方法。

他大聲宣稱：「那就是它！我已經得到它！」他的偉大的發現就是「運用自我暗示致富」。

「每天全神貫注地高聲朗讀從幫助你致富的書中抄下來的語句兩遍，就可以使你期望的目標與你的潛意識心理直接相通。重複這個過程，你還會主動地形成思想習慣，這對你努力把願望轉變為現實有很大的幫助。」

「運用自我暗示原則的時候，要把心力集中於某種既定的願望上，直到那種願望成為熱烈的願望。那一天，我從街上氣喘吁吁地跑回家，立刻坐在飯桌旁寫道：『我確定的主要目標是：十年以後，成為百萬富翁。』」他說，「一個人應該把他想要獲得的金錢數量規定得十分明確，並且定下日期，我照辦了。」

比爾雖然在十九歲的時候失敗了，但是後來卻成為著名的令人尊敬的威廉・喬治・奧奇，是澳洲最年輕的國會議員，著名的雪梨可口可樂子公司董事會前董事長，以及一家為二十二個家族擁有的著名公司的董事。

比爾的致富秘訣也可以運用到我們生活的其他方面，例如：學習、交友、自我提升——任何你想要達成的目標，都可以運用這個方法。

心理上的自我暗示雖然是一個法寶，但是這個法寶的巨大魔力，必須透過長期運用形成意識，才可

以充分地顯示出來。具有自信主動意識的人必然會長期進行積極的自我暗示，具有自卑被動意識的人總是告訴自己「我沒有那麼幸運」。經常進行積極暗示的人，在困難和問題面前看到的是機會與希望；經常進行消極暗示的人，在希望和機會面前看到的是問題與困難。

如果你可以運用你的潛意識、暗示的力量、豐富的想像力，建立一個成功、快樂、美好的自我形象，這正是成功的開始。實際上，每個人比自己想像中的更好、更有能力、更聰明。如果你可以在某件事情上證明這一點，就可以得到鼓勵，進而奮發向上。人類的潛能就是這樣逐漸發揮出來的，所以不要輕視自己，你會比現在更成功，只要你有那個願望，就可以激發自己的潛能，建立美好的自我形象。

沒有天生的自信，只有不斷地證明

我們看到那些在電視中或講台上侃侃而談又不失幽默的人，不禁要問：有些人是天生的強者，來到這個世界上的時候就帶著自信嗎？尤其是自己置身於人們的目光中，膽怯的人希望自己縮小成為一粒沙，被人們忽略。

其實，「信心」是一種可以經由自我暗示引發出來的心理狀態。信心是心靈中最奇妙的催化劑，讓原本微小的力量可以超常發揮。信心和意念結合，潛意識會立刻接收到那股震波，並且將之轉化為精神力量，再傳達給智慧，驅動我們的身體。**不斷反覆而肯定自己，是促使信心增強的唯一方式。**

我們的言行舉止可以展示我們的心態，不是表現希望就是擔憂。我們的聲望以及別人對我們的評價，與我們的成功有很大的關聯。如果別人不相信我們，如果別人因為我們的想法經常表現出消極軟弱而認為我們無能和膽小，我們不可能被提升到一些責任重大的職位上。然而，如果我們展示給人們的是自信、勇敢、無所畏懼的印象，如果我們具有震懾人心的自信，我們的事業必定會獲得巨大的成功。

如果我們養成自信的習慣，人們就會認為，我們比那些失去信心或是那些給人們軟弱無能、自卑膽怯印象的人更有可能贏得未來。換句話說，自信和他信幾乎同等重要，想要使別人相信我們，我們首先必須展現自信和必勝的精神。

德國有一位名叫班納德的人，在五十年的時間裡，遭受兩百多次磨難的洗禮，成為世界上最倒楣的人，但是這些也使他成為世界上最堅強的人。

他出生以後十四個月，摔傷了後背；之後又從樓梯上掉下來，摔殘了一隻腳；爬樹的時候又摔傷四肢；一次騎車的時候，不知道從何處刮來一陣大風，把他吹得人仰車翻，膝蓋又受了重傷；十三歲的時候掉進下水道，差點窒息；一輛汽車失控，把他的頭撞出一個大洞，血如泉湧；有一輛垃圾車，倒垃圾的時候將他埋在下面；還有一次，他在理髮店中坐著，突然一輛飛馳的汽車衝進來……

他一生遭遇無數災禍，在最倒楣的一年中，竟然遇到十七次意外。

令人驚訝的是，他至今仍然健康地活著，心中充滿自信。他歷經兩百多次磨難的洗禮，困難在他看來，已經無所畏懼。

以勝利者心態生活的人，以征服者心態生活的人，與以卑躬屈膝、唯命是從的被征服者心態生活的人相比，與彷彿在人類生存競賽中遭遇慘敗的人相比，有很大的區別。

想要擁有勝利者的心態，就要拒絕各種妒忌和仇恨以及不斷折磨我們的怨憤的思想，培養一種平靜、安詳的心理境界，這種平靜和安詳才是真正偉大的個性。成功和幸福的全部奧秘，在於堅信我們會成為理想中的人物，在於堅信我們可以使自己努力從事的事情獲得成功。

我們可以用任何正常人都瞭解的語言，說明我們共知的這種自我暗示原則。堅持這些原則，可以在沒有信心的情況下培養出信心。

我們知道自己有能力達到一生中確定的主要目標，所以我們要求自己堅持下去，繼續努力，向達到目標之路前進。

用全心的愛，迎接生命中的每一天

愛心是一筆財富，愛心的力量是偉大的，它是你擁有成功的最珍貴的東西。對任何一個人來說，愛是一支很好的利箭。

愛心是一筆很大的財富

在《世界上最偉大的推銷員》一書中，作者講述一位名叫海菲的少年，想要賣掉一件珍貴的袍子，讓自己有機會成為偉大的商人，和自己心愛的女孩在一起，可是最終他卻把這件對自己意義重大的袍子送給一個在山洞中凍得發抖的嬰孩。

正是少年這種善良的本性，感動了上蒼，他最終得到十張珍貴的羊皮卷，上面寫著關於推銷藝術的所有秘訣，使這位少年最終成為世界上最偉大的推銷員，並且建立顯赫一世的商業王國。

這就是愛的力量，只有愛才是幸福的根源，只有愛才是讓你成功的最深層的動力。如果你想要追求幸福，慷慨地向人間遍灑你的愛吧！

在「羊皮卷」中這樣寫道：

我要用全心的愛迎接今天。

因為，這是所有成功的最大秘訣。武力可以劈開一塊盾牌，甚至毀掉生命，只有愛具有無與倫比的力量，使人們敞開心靈。在擁有愛的藝術之前，我只是商場上的無名小卒。我要讓愛成為我最重要的武器，沒有人可以抵抗它的威力。

我的觀點，你們也許反對；我的話語，你們也許懷疑；我的穿著，你們也許不贊成；我的長相，你們也許不喜歡；甚至我廉價出售的商品，都有可能使你們半信半疑，然而我的愛心絕對可以溫暖你們，就像太陽的光熱可以融化冰冷的大地。

我要怎樣面對遇到的每個人？只有一個方法，我會在心裡深深地為你祝福。這種無言的愛，會湧動在我的腦海裡，流露在我的眼神裡，令我的嘴角掛上微笑，在我的聲音裡引起共鳴。在這種無聲的愛意裡，你的心扉向我敞開，你不再拒絕我推銷的貨物。

這就是愛的力量，它是你擁有成功的最珍貴的東西。

這個世界不能沒有愛，愛對於我們而言，就像空氣、陽光、水。愛是一筆財富，是一筆寶貴的資源，擁有這種財富和資源，人生就會變得幸福，就會登上成功的頂峰。

一顆良好的心，一種愛人的性情，一種坦率、誠懇、忠厚、寬恕的精神，可以說是一筆財富。百萬富翁的財產，如果與這種豐富的財產相比，根本不足掛齒。懷著這種好心情、好精神的人，雖然沒有錢可以施捨別人，但是可以比那些慷慨解囊的富翁行更多的善事。

假使一個人可以盡心努力地為別人服務，為別人付出愛心，他的生命就可以獲得廣闊的發展。**最有助於人的生命發展，就是從早年開始，養成愛心以及懂得愛人的「習慣」**。

儘管大量地給予別人愛心、同情、鼓勵、扶助，然而那些東西，在我們本身不會因為「給予」而有所減少，反而會因為給別人越多，我們自己也會越多。我們給別人愛心、善意、同情、扶助越多，我們可以收回的愛心、善意、同情、扶助也會越多。

人生一世，可以得到的成績和結果經常微乎其微。此中原因，就是在愛心的給予上不夠大方。我們不輕易給予別人我們的愛心與扶助，因此別人「以我們之道，還治我們之身」，以致我們無法獲得別人的愛心與扶助。

經常注意別人的好處，說別人的好話，養成這種習慣是十分有益的。人類的短處，就是彼此誤解、彼此指責、彼此猜忌，我們總是看到別人錯誤的地方而批評他們。假使我們可以減少或是克服這種誤解、指責、猜忌，彼此相互親愛、同情、扶助，夢寐以求的歡樂世界就會到來了。

有一次，一位哲學家問他的學生：「人生在世，最需要的是什麼？」答案有很多，但是最後一個學生說：「一顆愛心！」

哲學家說：「在『愛心』兩個字之中，包括別人所說的所有話。因為有愛心的人，對於自己可以自安自足，會去做所有與己適宜的事情；對於別人，他是一個良好的伴侶和可親的朋友。」

許多人因為貪得無厭、自私自利的心理，以及無情、冷酷的商業行為，以至於目光被矇蔽，只能看到別人的缺點，看不到他們的優點。假使我們可以改變態度，不要指責別人的缺點，於人於己均有益處。因為由於我們的發現，別人也可以察覺到自己的優點，因此得到興奮與自尊，進而更努力。假使人們彼此之間有互愛的精神，這種氛圍就可以使世界充滿愛的陽光。

樂於助人，愛心用行動表現

在賓夕法尼亞州，有一段時間，當地的人們最痛恨的就是洛克菲勒。被他打敗的競爭者將他的人像吊在樹上洩恨，充滿火藥味的信件如雪花般湧進他的辦公室，威脅要取他的性命。他雇用許多保鏢，防止遭人殺害。他試圖忽視這些仇視怒潮，有一次以諷刺的口吻說：「你儘管踢我罵我，但我還是按照自己的方式行事。」

但是最後，他發現自己畢竟也是凡人，無法忍受人們對他的仇視，也無法忍受憂慮的折磨。他的身體開始出現狀況，疾病從內部向他發動攻擊，讓他措手不及、疑惑不安。

起初，他試圖對自己偶爾的不適保密，但是失眠、消化不良、掉頭髮、煩惱等病症卻無法隱瞞。最後，他的醫生坦白地告訴他實情。他只有兩種選擇：財富和煩惱——或是性命。醫生們警告他：必須在退休和死亡之間做出選擇。

他選擇退休，但是在退休之前，煩惱、貪婪、恐懼已經徹底破壞他的健康。美國最著名的傳記女作家艾達・塔貝爾見到他的時候嚇壞了。她寫道：「他的臉上顯示的是可怕的衰老，我從未見過像他那樣蒼老的人。」

醫生們開始挽救洛克菲勒的生命，他們為他立下三條規則——這是他以後奉行不渝的三條規則：

避免煩惱：在任何情況下，絕對不為任何事情煩惱。

放鬆心情：多在戶外做適當運動。

注意節食：隨時保持半飢餓狀態。

洛克菲勒遵守這三條規則，因此而挽救自己的性命。退休以後，他學習打高爾夫球，整理庭院，和鄰居聊天、打牌、唱歌。

但是，他同時也做其他事情。溫克勒說：「在那段痛苦至極的夜晚裡，洛克菲勒終於有時間自我反省。」他開始為別人著想，停止去想他可以賺多少錢，開始思索那筆錢可以換取多少人的幸福。

洛克菲勒把數百萬的金錢捐出去，他向一座教堂捐獻的時候，全國各地的傳教士齊聲發出怒吼：「腐敗的金錢！」

但是他繼續捐獻，獲知密西根湖岸的一家學院因為抵押權而被迫關閉的時候，立刻展開援助行動，捐出數百萬美元援助那家學院，將它建設成為目前舉世聞名的芝加哥大學。

他也盡力幫助黑人，幫助完成黑人教育家喬治・華盛頓・卡弗的志願。著名的十二指腸蟲專家史泰爾博士說：「只要價值五角錢的藥品，就可以為一個人治癒這種病——但是誰會捐出這五角錢？」洛克菲勒捐出數百萬美元消除十二指腸蟲，消除這種疾病。然後，他又採取更進一步的行動，成立一個龐大的國際性基金會——洛克菲勒基金會，致力於消滅全世界各地的疾病、掃除文盲等工作。

洛克菲勒的善舉，不僅平息人們對他的憎恨，而且產生更神奇的效果：許多人開始讚揚他、敬仰他，有些受到他恩惠的人甚至對他感激涕零。

其實，我們應該感謝約翰・洛克菲勒，因為在他的資助下，發明盤尼西林以及其他許多新藥。他使我們的孩子不再因為罹患腦膜炎而死亡；他使我們有能力克服瘧疾、肺結核、流行性感冒、白喉，以及其他目前仍然危害世界各地的疾病。

洛克菲勒把錢捐出去之後，最後終於感覺滿足了。

幸福的產生與否，就在一個人的心態如何，善良的心、仁慈的愛可以產生巨大的威力，迎來盼望的幸福。在這個世界上，只有充滿愛心的家庭，才可以得到幸福的光線照耀。

世界著名的精神醫學家阿爾弗雷德・阿德勒曾經發表一篇令人驚訝的研究報告，他經常對那些孤獨者和憂鬱症患者說：「只要你按照我這個處方去做，十四天以內，你的憂鬱症就可以痊癒。這個處方是——每天想想，怎樣才可以使別人快樂？讓別人感受到世間的愛心力量。」

在漫長的人生道路上，你如果覺得自己孤獨，或是覺得道路艱難，依照阿德勒的話去做，只要心中有一盞溫暖的燈，就可以照亮你暗淡的心靈，獲得溫暖，度過寒冷的冬季，跨過每一道障礙。你會逢凶化吉，因禍得福，獲得快樂，遠離精神科醫生。因為愛的表現是無條件地付出，最終結果是自己得到最大的回報。

善良是愛的初始

我們的生活紛繁複雜，人與人之間的誤會和怨恨，都會經常發生。只要心地善良、互諒互讓，誤會和怨恨也可以變成令人感動和懷念的往事。

善良是一種能力，一種洞察人性中的惡的能力。善良是一種胸懷，擁有善良，就會擁有一顆平和的心，以寬容的心態去面對自己遇到的人和事。

善良不是善惡不辨、是非不分，不是對壞人和壞事放縱寬容，而是一種洞察世事的智慧。

善良會讓世界更寬廣、萬物更明麗、人生更豐盈。

一座城市來了一個馬戲團，八個十二歲以下的孩子穿著乾淨的衣服，手牽著手排隊，在父母的身後等候買票。他們不停地談論上演的節目，好像他們就要騎著大象在舞台上表演似的。

終於輪到他們了，售票員問要幾張票，父親神氣地回答：「請給我八張小孩的、兩張大人的。」

售票員說出價格。

母親的心顫了一下，轉過頭把臉垂下來。父親咬了咬嘴唇，又問：「你剛才說的是多少錢？」

售票員又報出價格。

父親的眼裡透著痛楚的目光，他實在不忍心告訴他的身旁興致勃勃的孩子們：我們的錢不夠！

一位排隊買票的男士目睹了這一切。他悄悄地把手伸進口袋，把一張二十元的鈔票拉出來，讓它掉在地上。然後，他蹲下去，撿起鈔票，拍拍那個父親的肩膀說：「對不起，先生，你的錢掉了。」

父親回過頭，明白了原因。他的眼眶一熱，緊緊地握住男士的手，因為在他困窘的時刻幫助他：「謝謝，先生。這對我和我的家庭意義重大。」

有時候，一個發自仁慈的微小善行，可以鑄就大愛的人生舞台。

善待社會，善待別人，不是一件困難的事情，只要心中常懷善念，生活中的微小善行，只是舉手之勞，卻可以給予別人很大的幫助，何樂而不為？為迷途者指路，向落難者伸出援手，真心祝賀別人的成功，真誠鼓勵失意的朋友……這些看似微不足道的舉動，卻可以給別人帶來力量，給自己帶來付出的快樂和良心的安寧。

如果每個人都可以用善心待人，世間就會減少很多紛爭，增加很多關愛。

愛讓推銷無往不勝

推銷是和人們打交道的工作，推銷員必須有愛心，才可以得到顧客的認同，進而成功推銷。

如果成為客戶信任的推銷員，就會受到客戶的喜愛，而且可以和客戶形成親密的人際關係。形成這種人際關係以後，有時候客戶會因為照顧你，自然而然地購買商品。想要形成這種關係，推銷員就要有愛心，注意一些尋常小事。

漢森搬家以後不久，不滿四歲的兒子波利在一天傍晚突然失蹤了。全家人分頭去尋找，找遍大街小巷，依然毫無結果。他們的恐懼感越來越深，於是他們打電話給警察局，幾分鐘以後，警察也配合他們一起尋找。

漢森開車到商店街尋找，所到之處，他不斷地打開車窗呼喚波利的名字。附近的人們注意到他的這種行為，也加入尋找的行列。

為了確認波利是否已經回家，漢森不得不多次趕回家。有一次回家的時候，他突然遇到地區警備公司的人。漢森懇求地說：「我的兒子失蹤了，能否請你和我一起去尋找？」此時卻發生令人難以置信的事情——那個人竟然做起巡迴服務推銷表演！儘管漢森氣得目瞪口呆，那個人還是照常表演。幾分鐘以後，漢森終於打斷那個人的話，怒不可遏地對那個人說：「你如果幫我找到兒子，我就會和你討論巡迴服務問題。」

波利終於被找到了，但是那個推銷員的推銷卻沒有成功。如果那個人當時可以主動幫助漢森尋找孩子，二十分鐘以後，就可以得到很容易得到的交易。

有些推銷員認為愛心對推銷不重要，這是錯誤的觀點，正是因為你的愛心，客戶才會信任你，進而購買你的產品，使你的推銷成功。

因此，從現在開始，用全心的愛來迎接今天、感謝生活！用愛心打開人們的心扉，用愛做你商場上的護身符，愛會使你孤獨的時候變得平靜，絕望的時候變得振作。有了愛，你可以邁出成為一位優秀人士的第一步。

不妨搭乘頭等艙

看過《鐵達尼號》的觀眾們，都為傑克和蘿絲的愛情而感傷。傑克贏得船票，才得以登上鐵達尼號與蘿絲相遇。生活中，想要遇到生命中的貴人，不去他們所在的頭等艙，怎麼會有機會與他們相識？

這樣的例子不少見，有些人在幾個小時的飛行中可以談成幾筆生意，或是結下難得的友誼，這在經濟艙內的旅行團體中很難遇到。

在現代社會，越來越多的人瞭解這個道理。所以，讀碩士的人可能不是為了進修，考托福的人未必想要出國，考律師的人不一定要當律師。許多人原本是為了一張證書而進入某個圈子，後來卻變成融入某個圈子，順便拿一張證書。證書對於他們來說，已經不是一張許可證，而是一張融入某個社交群體的通行證。

「搭乘頭等艙」的意思，不是單純地出入高級場所，而是到貴人出現頻率最高的地方和最容易接近貴人的方法。

「搭乘頭等艙」的做法看起來很容易，但是瞭解這個道理的人未必可以做到，必須掌握一些相應的知識和要領。

捨得付出

不要計較一些小事和眼前利益。搭乘頭等艙，出入高級場所，當然需要比較大的開銷，但是這筆開銷帶來的利益和好處是顯而易見的。如果你總是捨不得手裡的一些小錢，就等於將自己與貴人的圈子劃清界限，縮小自己的交際範圍，這樣恐怕很難成就大事。

培養自己的風度和氣質

要成為一個舉止優雅、文明大方的人，這樣在高層次的圈子裡才可以如魚得水。努力讓自己融入這個圈子，而不是被這個圈子排斥。試問，一個在餐桌上表現失態的人，怎麼可能與一位上層社會的貴人相談甚歡？

不要表現得急功近利

無論你有什麼樣的目的，付出多麼大的代價，結交貴人都不是幾天就可以大功告成的事情。如果過於急切地表現自己的意圖，做出諂媚的樣子，就會失去貴人對你的好感和尊重，得不償失。

壓力之下，我們可以「跑」得更快

每個人的惰性與生存形成的矛盾會產生壓力，欲望與來自社會各個方面的衝突會產生壓力。說得通俗一些，就是人生的各個階段都有壓力：讀書有壓力，上班有壓力。總之，壓力無處不在。

壓力是好事還是壞事？科學家認為：人類需要激情、緊張、壓力。如果沒有既甜蜜又痛苦的壓力，人類就無法存在。**適度的壓力可以提高人們的免疫力，進而延長人們的壽命**。實驗顯示，如果把一個人關進隔離室，即使讓他感覺非常舒服，但是沒有任何情感體驗，他也很快會發瘋。

生活中，許多人畏懼壓力，逃避壓力，因為壓力會讓人感到沉重。其實，壓力何嘗不是一種動力？它會帶給我們痛苦和沉重，但是也可以激發我們的鬥志和內在的熱情。試想，不管學生多麼勤奮，得到的都是一樣的分數；不管員工多麼努力，得到的都是相同的薪水，誰還會有熱情？誰還願意繼續努力？這樣一來，每個人都在混日子，變得越來越懶散，熱情也會消失殆盡。

體育比賽的壓力是我們有目共睹的，正是因為壓力大，運動員才可以跑得更快，世界紀錄才可以被打破。企業工作的壓力也很大，正是激勵的競爭機制，才可以使企業有快速的發展。**美國鮑爾教授說：「人們在感受工作中的壓力之時，與其試圖透過放鬆的技巧來應付壓力，不如激勵自己去面對壓力。」**

壓力帶給人們的感覺不只是痛苦和沉重，它也可以激發人們的鬥志和內在的熱情，使你興奮，使你的潛能被開發。

對手可以讓我們提高警覺，壓力可以激發我們的活力。我們需要緊張和壓力，如果沒有壓力，就無法激發我們的熱情和活力。

生活中，人們經常有這樣的感覺，挑著重擔的人比空手步行的人走得快，其中的奧妙就是壓力的作用。人生一世，輕鬆愉快只是一種可能，承受不同程度的壓力是一種必然。在工作和生活中遇到的困難、挫折、不幸都是壓力，生活節奏加快、競爭日趨激烈、追求的痛苦、愛情的困惑更是壓力……

壓力如苦膽，勾踐臥薪嘗膽，終率三千越甲吞吳，俘獲終日與西施暢遊後宮的夫差；宮刑的壓力如山，但是司馬遷並未逃避或是自絕於世，貧病之中，完成輝煌巨著《史記》……壓力在前，怨天尤人，繞道而行，會像井底之蛙一樣。負重之下，變壓力為動力，逆流而上，才可以成功。壓力，並非痛苦和沉重的代名詞，直接面對壓力，反而愈挫愈勇。正視壓力，與壓力共處，正是強者的選擇。

然而，壓力也不能太大，否則我們有可能會被壓垮。

失去熱情的時候，就給自己施加壓力，制定一個目標，限期完成；壓力使你感到疲憊的時候，就要進行疏解，放下一些力不從心的追求。

沒有任何壓力的時候，就會失去前進的動力，沒有方向。想要改變現狀，必須適當給自己添加一些壓力。

你正如你自己所想

每個人，無論是聰明或愚蠢，還是賢良或奸詐，他的表現，都是與其當時的「自我概念」相符的行為。一個人具備正確的「自我概念」，至少成功了一半。

人們的行為方式和理想追求經常會受到自我認知的影響，上述的「自我概念」表示對自我的認知、對自我的需求。沒有人會做出違背「自我概念」的行為，無論是在學校和公司或是社交場合，不可能長期表現出「不像自己」的狀態。根據秘密的法則，宇宙就像一面鏡子，折射出你的內心所想，換言之，你認為自己是什麼樣子，你就是什麼樣子。

一隻狐狸在晨曦中，看到自己高大的身影，心想：「今天，我要用一隻駱駝做午餐！」於是，牠不斷地奔波，尋找駱駝做午餐。

中午到了，太陽直射到牠的頭頂，狐狸低頭看見自己的影子，心想：「其實，一隻老鼠做午餐也就夠了。」

狐狸在早上和中午有不同的想法，正是因為受到陽光的干擾，對自己產生錯誤的判斷。清晨的陽光將牠的身影拉長，使牠看到的影子高大威猛，進而認為自己力大無窮；到了中午，牠看到自己被縮小的影子，又妄自菲薄地認為自己是渺小的。問題出現的根源就是在於，狐狸對自己沒有明確的認知，於是外界的環境改變，牠的想法也隨之改變。

在我們的生活中，像這隻狐狸一樣的人並不少見：對自己認識不足，過分強調某種能力，或是毫無理由地輕視自己。遇到這種情況的時候，不要忘記我們的秘密法則，認清自己，相信自己，對自己做出正確的評價，全心全意去感受到自己要求的、希望達到的。

如果一個人對於自己各個方面的印象都和實際情況頗為接近，也就是說，他有正確的「自我概念」，他表現出來的行為就會很適當。相反地，如果一個人沒有正確的「自我概念」，就會無法清楚地表現自己獨特的一面，只是成為人群中的一份子，他的個人形象就會存在缺憾。缺乏「自我概念」的人沒有引人注意的特質，更談不上成功。

馬斯洛的需求層次理論中的最高層次的需求，即為自我實現的需求。**一個人對需求到達自我實現的層次，就表示他與成功只有一步之遙**。擁有不平凡信念的人，才有動力為自我實現而行動，才有可能獲得成功。

NBA的夏洛特黃蜂隊的博格斯身高只有一百六十公分，在普通人之中也算是矮個子，更不用說在即使身高兩公尺都嫌矮的ＮＢＡ。據說，博格斯是ＮＢＡ有史以來最矮的球員，然而他是ＮＢＡ表現最傑出、失誤最少的後衛之一，不僅控球一流，遠投精準，甚至在長人雲集的賽場上帶球上籃也毫不畏懼。

博格斯是不是天生的籃球好手？當然不是。

博格斯從小就長得特別矮小，但是他非常熱愛籃球，幾乎每天都和同伴在籃球場上玩耍。當時，他希望有一天可以進入ＮＢＡ，因為ＮＢＡ的球員不只是薪水很高，而且享有風光的社會評價，是所有喜歡打籃球的少年最嚮往的夢想。博格斯總是告訴他的同伴：「我長大以後，一定會進入ＮＢＡ。」所有聽到他的話的人忍不住大笑，甚至有人笑倒在地上，因為他們「認定」一個一百六十公分的人絕對不可能進入ＮＢＡ。

他們的嘲笑沒有阻斷博格斯的志向，他用比一般長人多幾倍的時間練球，終於成為全能的籃球運動員，也成為最佳的控球後衛。他充分利用自己矮小的優勢：動作靈活迅速，像一顆子彈一樣；運球的重心最低，不會失誤；身材矮小不引人注意，經常抄球成功。

美國發明家愛迪生在介紹他的成功經驗的時候說：「什麼是成功的秘訣？很簡單，無論何時，不管怎樣，我絕對不允許自己有絲毫灰心喪氣。」博格斯也是如此，正是由於他的內心對自己有強大的認知——我也可以進入ＮＢＡ——使得他不在意別人的取笑並且為之付出行動，最終成就自己在ＮＢＡ賽場上的奇蹟。

年輕時期的卡內基認為自己可以成為一位作家，雖然幼年時期家境貧困，甚至付不起一本字典的錢，但是由於內心深處的強烈感覺，使得整個宇宙感受到來自他的頻率，將所有的可能給予他。在以後的數十年之間，他基於這種強大的信念，完成許多有益於世人思考的著作，功成名就，成為「他想像」的那樣的人。

正如德國哲學家尼采所說：「聰明的人只要可以認識自己，就什麼也不會失去。」只有正確認識自己，才可以充滿自信，才可以使人生的航船不迷失方向，最終到達理想中的目的地。

想像自己已經是成功者，就可以更靠近成功

一個人按照秘密的法則，對宇宙發出需求以後，接下來要做的是——相信你要的已經歸屬於你，並且相信它此刻已經在你的面前，等待你對它的接收。

美國作家羅伯特・柯里爾曾經說：「當作你已經擁有自己想要的事物，知道它將會在你需要的時候到來，然後接受它的到來。不要為它感到焦慮或擔憂，不要去想你缺少它。想想它是你的，它屬於你，它已經為你所有。」用成功的姿態面對整個宇宙，整個宇宙就會感應到你的信號，引領你邁向成功之路。

你無法取得成功，很有可能是因為你沒有將自己看作是一個成功者，沒有調整好自己的心態，沒有做好十足的準備來迎接成功的到來。

對宇宙發出需求，並且相信你已經擁有所需的一切，整個宇宙就會轉變，把它們全部帶到你的身邊。這就要求，你的所行、所言、所想必須長期保持在一種正在接收它們的狀態中，並且想像它們就在

你身邊的有形畫面，為即將到來的事物做好所有準備。

茉莉希望可以早日遇到自己的真命天子，由於她瞭解秘密的法則，所以她為自己浪漫的邂逅做好充分的準備，在自己的腦海中反映出真命天子的相貌、職業、性格、興趣，但是過了一段時間，還是沒有遇到自己的真命天子，她開始重新檢視自己的行為，試圖找出其中忽略的差錯。

果然，她發現自己的衣櫃是滿的，這樣就沒有對方放置衣物的空間；她還發現自己的車子停在車庫的中間，這樣她的另一半就沒有位置可以停車……茉莉發現很多之前漏掉的卻是實現目標必須準備的細節，於是她改善這些細微之處，將衣櫃騰出一半的空間，將車子停在車庫的一邊……所有假想她的另一半已經到來，生活中需要改變之處全部改變之後，茉莉在一次聚會上，遇到一位和她之前所想的完全相同的紳士，並且走進她的生活。

「相信它已經是你的」是一種很好的感覺，利用這樣的感覺對你想要的事物給出要求，吸引力法則就會強力驅動所有情境，等待你的接收。相反地，如果在生活中缺乏「相信我已經得到」這種信號，這種缺失就會阻斷你與你接收自己所想的事物之間的頻率，因此無法得到你想要的事物。

成功只屬於那些願意挖掘的人，只屬於相信自己可以實現夢想，並且在心中已經構築理想畫面的人。只要抱持積極的心態，不斷發掘自己心靈的寶藏，就會有用不完的能量，你的思路也會得到擴展，進而引領自己走向成功之路。

堅持不懈，直到成功

俗話說：「堅持就是勝利，貴在持之以恆。」每個人都有夢想，追求夢想需要不懈的努力。只有堅持不懈，才可以獲得成功。

堅持不懈，是最基本的品格

少年海菲接受主人的十張羊皮卷的商業秘訣之後，獨自騎著驢子來到大馬士革城，沿著喧鬧的街道，他的心中充滿疑慮和恐懼，尤其是曾經在伯利恆那個小鎮上推銷那件袍子的挫敗感籠罩在他的心中。突然之間，他想要放棄自己的理想，想要大聲地哭泣。但是此刻，他的耳畔響起一個聲音：「只要決定成功，失敗永遠不會把我擊垮。」

於是，他大聲吶喊：「我要堅持不懈，直到成功。」

他想起「羊皮卷」中的箴言：

「我不是註定為了失敗才來到這個世界上，我的血脈裡也沒有失敗的血液在流動。我不是任人鞭打的羔羊，我是猛虎，不與羊群為伍。我不想聽失敗者的哭泣、抱怨者的牢騷，這是羊群中的性情，我不能被它傳染。失敗者的屠宰場，不是我人生的歸宿。」

「從今往後，我每天的奮鬥就如同對參天大樹的砍擊，前幾刀可能無法留下痕跡。每一擊似乎微不足道，然而累積起來，巨樹終將倒下，這正如我今天的努力。」

「如同沖洗高山的雨滴，吞噬猛虎的螻蟻，照亮大地的星辰，建造金字塔的奴隸，我也要一石一瓦地建造自己的城堡，因為我深知水滴石穿的道理，只要持之以恆，什麼都可以做到。」

「我要堅持，堅持，再堅持。障礙是我成功道路上的彎路，我迎接這項挑戰。我要像水手一樣，乘風破浪。」

堅持是一種神奇的力量，有時候，它甚至會感動上蒼，神靈也會幫助你成功。

開學第一天，蘇格拉底對學生們說：「今天，我們只學一件最簡單也是最容易的事情。每個人把手臂往前甩，然後再往後甩。」說著，蘇格拉底示範一遍。「從今天開始，每天做三百下。你們可以做到嗎？」

學生們都笑了。這麼簡單的事情，怎麼可能做不到？過了一個月，蘇格拉底問學生們：「每天甩手三百下，哪些同學還在做？」九〇%的學生驕傲地舉手。又過了一個月，蘇格拉底又問。這次，堅持下來的學生只剩下八〇%。

一年過後，蘇格拉底又問學生們：「請告訴我，最簡單的甩手運動，還有哪幾位同學在做？」此時，整個教室裡，只有一個學生舉手，這個學生就是後來成為古希臘另一位哲學家的柏拉圖。

最容易的事情，經常也是最困難的事情；最困難的事情，經常也是最容易的事情。說它容易，是因為只要願意做，每個人都可以做到；說它困難，是因為真正可以做到並且持之以恆，終究只是極少數人。

半途而廢者經常會說：「已經足夠了」、「這樣不值得」，「事情可能會變壞」、「這樣做毫無意義」，但是持之以恆者經常會說：「做到最好」、「盡全力」、「再堅持一下」。

龜兔賽跑的故事告訴我們，競賽的勝利者是笨拙的烏龜而不是靈巧的兔子，與兔子在競爭中缺乏堅持不懈的精神有很大的關係。

巨大的成功，依靠的不是力量而是韌性，競爭經常是持久力的競爭，有恆心者往往是笑到最後的勝利者。

一次拍賣會上，有大批的腳踏車出售。第一輛腳踏車開始拍賣的時候，站在最前面的一個不到十二歲的男孩搶先出價：「五元。」可惜，這輛車被出價更高的人買走了。

稍後，另一輛腳踏車開始拍賣，這個男孩又出價五元。接下來，他每次都出這個價，而且不再加價。但是，五元確實太少了，那些腳踏車都賣到三十五元或是四十元，有些甚至賣到一百元以上。暫停休息的時候，拍賣員問男孩為什麼不出高價競爭。男孩說，他只有五元。

拍賣繼續，男孩還是給每輛腳踏車出價五元。他的這個舉動引起所有人的注意，人們交頭接耳地議論他。

經過一個半小時以後，拍賣快要結束了，只剩下最後一輛腳踏車，而且是非常棒的一輛，車身光亮如新，讓男孩怦然心動。拍賣員問：「有誰要出價嗎？」

此時，男孩依然搶先出價：「五元。」

拍賣員停止唱價，安靜地站在那裡。觀眾也默不作聲，沒有人舉手喊價。靜待片刻以後，拍賣員說：「成交！五元賣給那個穿短褲、白球鞋的男孩。」

觀眾紛紛鼓掌。

男孩的臉上洋溢著幸福的光輝，他拿出握在手心裡被揉皺的五元，買下那輛世界上最漂亮的腳踏車。

美好的夢想，是未來人生道路美滿成功的預示。夢想可以給我們帶來希望，激發我們內在的潛能，並且激勵我們不斷為實現目標而努力。

但是，只有夢想是不夠的，還要有實現夢想的毅力和決心，把夢想變成現實，要依靠不懈的努力。

執著的追求夢想和成全別人的夢想，都是人間至美的事情。

面對拒絕，要堅持不懈

推銷員經常會遭到顧客的拒絕，如果轉身離開，不是一個優秀的推銷員。優秀的推銷員都是從顧客的拒絕中找到機會，最後達成交易。

齋藤竹之助遭到拒絕的經歷實在是太多了。有一次，靠一個老朋友的介紹，他去拜見另一家公司的總務科長，談到生命保險問題的時候，對方說：「在我們公司裡，有許多員工反對加入保險，所以我們決定，無論誰來推銷，一律回絕。」

「是否可以對我說其中的原因？」

「沒問題。」於是，對方針對其中原因做出詳細說明。

「你說的確實有道理，但是我想要針對這些問題寫一份報告，並且請你過目。請你給我兩個星期的時間。」臨走的時候，齋藤竹之助問：「如果你看了我的報告感到滿意，能否予以採納？」

「當然，我一定會向高層主管建議。」

齋藤竹之助立刻回到公司向有經驗的前輩們請教，又接連幾天奔波於商工會議所調查部、上野圖書館、日比谷圖書館之間，查閱過去三年之間的《東洋經濟新報》、《鑽石》等相關的經濟刊物，終於完成一份很有把握的報告，並且附有調查圖表。

兩個星期以後，他再去拜見那位總務科長。總務科長對他的報告非常滿意，把它推薦給總務部長和經營管理部長，進而使推銷獲得成功。

齋藤竹之助深有感觸地說：「推銷就是初次遭到顧客拒絕之後的堅持不懈。也許你會像我那樣，連續幾十次、幾百次地遭到拒絕。然而，就在幾十次、幾百次的拒絕之後，總有一次，顧客會同意採納你的意見。為了僅有一次的機會，推銷員進行殊死的努力，推銷員的意志與信念就是顯現於此。」

「即使遭到顧客的拒絕，還是要堅持繼續拜訪。如果不再去拜訪，顧客無法改變原來的決定而採納你的意見，你就會失去銷售的機會。」

堅持不懈，才可以獲得成功

一個人做事沒有耐心和恆心，是很難成功的。因為任何事情的成功不是偶然的，需要你耐心地等待。同樣地，一個人做事不堅持，很難看到成功，因為他在成功到來之前就放棄了。

我們的毅力，決定我們面對困難、失敗、挫折、打擊的時候，是頹然傾倒還是屹立不搖。具有毅力的人，不達目標絕不停止。

世界潛能大師布萊恩・崔西曾經說：「現在世界上大多數的人都處在沒有耐心的狀態下，有許多人從事推銷工作，推銷有一個非常奇怪的習慣：東邊有一隻兔子，去追；西邊有一隻兔子，也去追；南邊有一隻兔子，也去追；北邊有一隻兔子，還去追，追來追去，一隻兔子也追不到。所以，成功永遠只有是否具有耐心的問題。想要獲得成功，就要堅持去追一隻兔子。」

有一位國際知名的推銷大師，即將告別他的推銷生涯，接受行業協會和社會各界的邀請，他將在該城中最大的體育館，進行告別職業生涯的演說。

那天，會場座無虛席，人們熱切地等待那位當代最偉大的推銷員進行精彩的演講。布幕徐徐拉開，六個彪形大漢抬著一個巨大的鐵球走到舞台中央。

一位老者在人們熱烈的掌聲中，走了出來，站在鐵球的一邊，他就是那位今天將要演講的推銷大師。

人們疑惑地看著他，不知道他要做出什麼舉動。

此時，兩個工作人員抬著一個鐵錘，放在老者的面前。

老人請兩個年輕力壯的人用這個鐵錘去敲打那個鐵球，看看是否可以讓它滾動起來。

一個年輕人掄著鐵錘，全力向鐵球砸去，一聲震耳的響聲過後，那個鐵球動也沒動。他用鐵錘接二連三地敲了一段時間以後，很快就氣喘吁吁了。

另一個人也不甘示弱，接過鐵錘把鐵球敲得響聲大作，可是鐵球仍然一動也不動。

台下逐漸沒有吶喊聲，觀眾好像認為那是沒有用的，鐵錘敲不動鐵球，他們在等著老人做出什麼解釋。

會場恢復了平靜，老人從上衣口袋裡掏出一個小錘，然後認真地，面對那個巨大的鐵球。

他用小錘對著鐵球「咚」敲一下，停頓一下，再用小錘「咚」敲一下，停頓一下，然後「咚」敲一下，就這樣持續地用小錘敲打。

十分鐘過去了，二十分鐘過去了，會場已經開始騷動，有些人叫罵起來，人們用各種聲音和動作發洩他們的不滿。老人好像什麼也沒有發生，仍然一小錘一小錘地工作。人們開始憤然離去，會場上出現許多空缺。

老人進行到四十分鐘的時候，坐在前面的一個婦女突然尖叫一聲：「球動了！」會場立刻鴉雀無聲，人們聚精會神地看著那個鐵球，鐵球以很小的幅度動了起來。老人還是一小錘一小錘地敲著，人們好像都聽到小錘敲打鐵球的聲響。鐵球在老人一錘一錘的敲打中越動越快，最後滾動起來，會場上終於爆發出熱烈的掌聲。在掌聲中，老人轉過身來，說：「成功來臨的時候，擋都擋不住。」

在每個人的生命的每一天，都要接受很多考驗。如果可以堅忍不拔，勇往直前，迎接挑戰，就可以獲得成功。

希望你堅持不懈，直到成功。相信自己就是為了成功而降臨世界，自己的身體中只有成功的血液在流淌。你不是任人鞭打的耕牛，而是不與懦夫為伍的猛獸。不要被懦夫的哭泣和失意的抱怨感染，你和他們不一樣，意志堅定地做你的猛獸，才可以在自己的領域中嘯傲！

希望你堅持不懈，直到成功。相信生命的獎賞只會高懸在旅途的終點。你永遠不可能在起點附近，找到屬於自己的鑽石。也許你不知道還要走多久才可以成功，而且走到一半的時候，仍然可能遭遇失敗。但是成功也許就藏在拐角後面，除非拐彎，否則你永遠看不到成功近在咫尺的景象。所以，要不停地向前，再前進一步，如果不行，就再向前一步。事實上，每次進步一些不困難。或許你這次考試只有五十分，你的目標是九十分，要求下次就得到九十分，顯得不現實而且太殘酷，但是如果要求你得到五十五分或是六十分，也許不是很困難。

只要每次比上次好一些，成功就會越來越近。

希望你堅持不懈，直到成功。從現在開始，承認自己每天的奮鬥就像一滴水，或許明天看不到它的用處，但是總有一天，滴水穿石。每天奮鬥不止，就像螞蟻吞噬猛虎，星辰照亮大地，只要持之以恆，什麼都可以做到。不要小看那些彷彿微不足道的努力，沒有它們，就沒有你最後的輝煌。

希望你堅持不懈，直到成功。每個人都會面臨失敗，但是在勇者的字典裡，沒有放棄、不可能、做不到、沒辦法、行不通、沒希望……這類愚蠢的詞語。你可以失敗，也可以失望，但是如果想要成為優秀的人，你已經不再有絕望的權利！為什麼要絕望，想想自己是多麼的獨一無二！你需要辛勤耕耘，或許必須忍受痛苦，但是請你放眼未來，勇往直前，不要在意腳下的障礙，在哪裡跌倒，在哪裡爬起來。要相信，陽光總在風雨後。

希望你堅持不懈，直到成功。你應該記住那個流傳已久的平衡法則，不斷鼓勵自己堅持下去，因為每次的失敗都會增加下次成功的機會。這一刻別人的拒絕，就是下一刻別人的贊同。**命運是公平的，你遭受的苦難和你獲得的幸福一樣多。今天的不幸，往往預示明天的好運。**深夜時分，回想今天的一切，你是否心存感激？或許命運就是這樣，要失敗很多次才可以成功。

希望你堅持不懈，直到成功。你要不斷地嘗試，嘗試，再嘗試。無論什麼樣的挑戰，只要你敢面對，就有戰勝的希望，因為你的潛能無限。

希望你堅持不懈，直到成功。你應該借鑑別人成功的秘訣，把過去的榮耀或是失敗拋到腦後，只要抱持一個信念——明天會更好。精疲力竭的時候，你是否可以抵抗睡眠的誘惑？再試一次。堅持就是勝利，爭取每一天的成功，避免以失敗收場。別人停滯不前的時候，你不可以放縱自己，要繼續奮鬥，因為只要你的付出比別人多一些，最後你就會豐收。

希望你堅持不懈，直到成功！

第二章

你就是萬眾矚目的強者

坐在舒適軟墊上的人容易睡去

有一個漁人，擁有高超的捕魚技術，被人們尊稱為「漁王」。然而，「漁王」年老的時候非常苦惱，因為他的三個兒子的捕魚技術很平庸。

於是，他經常向人們訴說心中的苦惱：「我真是不明白，我捕魚的技術這麼好，兒子們的技術為什麼這麼差？我從他們懂事的時候開始，就把捕魚技術傳授給他們，從最基本的東西教起，告訴他們怎樣織網最容易捕捉到魚，怎樣划船最不會驚動魚，怎樣下網最容易請魚入甕。他們長大以後，我又教導他們怎樣辨識潮汐和魚汛……我長年辛苦總結出來的經驗，毫無保留地傳授給他們，可是他們的捕魚技術竟然趕不上技術比我差的漁民的兒子！」

一個路人聽了他的訴說以後，問：「你一直教導他們嗎？」

「是的，為了讓他們擁有高超的捕魚技術，我很仔細、很有耐心地教導他們。」

「他們一直跟隨你嗎？」

「是的，為了讓他們避免犯錯，我一直讓他們跟著我學習。」路人說：「這樣說來，就難怪了。你要知道，坐在舒適軟墊上的人容易睡去。你的兒子以為所有事情可以從你那裡學到，很少自己去累積經驗。遇到困難，他們不是自己想辦法去克服，而是希望在你的翅膀下尋找庇護。自己不經過努力、不經歷挫折，即使你把再多的經驗傳授給他們，他們也不會真正地成長。」

不經歷風雨，就無法看到彩虹。孩子是在摔倒無數次之後才學會走路，偉人的發明創造是經歷無數次失敗之後才獲得成功。

可口可樂公司的執行長羅伯特．古茲維塔說：「過去是邁向未來的踏腳石，如果不知道踏腳石在何處，必然會被絆倒。」教訓和失敗是人生歷練不可缺少的財富，只有經歷過，才可以從中學到更多的東西，領悟更多的道理。從別人的口中傳來的經驗，從書本裡總結的教訓，無法確實地應用於我們的生活中，只有自己經歷，並且進行思考，將問題解決了，才可以在前行的道路上感受到自己的成長，逐漸豐滿自己的羽翼。

可是，很多人希望躲在別人的翅膀下，遭遇挫折的時候希望有人為自己遮風擋雨，這樣的想法是錯誤的。人生難免風雨，四季難免嚴冬。別人不可能始終陪在你的身邊，所以生活中的任何問題應該自己去面對。尤其是苦難，只有憑藉自己的力量戰勝它，才可以從中總結經驗和教訓。只有吸取經驗和教訓，才可以避免在以後的人生中犯下類似的錯誤。只有累積足夠的經驗，才可以在日後熟能生巧，努力爭取自己想要的命運。

愛迪生的定律：失敗也是收穫

成功的哲學就是屢敗屢戰，跌倒以後要有再站起來的勇氣。不要因為一次跌倒，就失去前進的動力。失敗只是對我們的一種考驗，會讓我們在收穫的時刻，感到更加幸福和喜悅。面對失敗，我們要堅定自己的信念，拿出十倍的勇氣與它作戰。

人生就是一個舞台，我們扮演各種角色。我們各有所愛，各有所好，各自有各自的理想，各自有各自的追求。但是我們都喜歡一樣東西，都渴望一樣東西，那就是：成功。之所以這樣，是因為我們以為成功是一種收穫。事實也是如此，但是我們因為太重視成功，進而忽視失敗。其實，失敗也是一種收穫，這種收穫是邁向成功的原始累積。

失敗是成功之母，是成功的基石，是一筆巨大的財富。眾所周知，發明大王愛迪生有一千多項發明成果，但是他的失敗次數卻有十幾萬次。這一千多項的發明成果，就是以十幾萬次的失敗作為基石，堅持努力的結果。

一八七七年，愛迪生開始著手研究鎢絲電燈。為此，他查閱大量的資料，做出二十本的記錄，共計四萬多頁。從中，他不僅瞭解在電力照明上前人的成就和進展，也總結前人的經驗和教訓。

在這段時間裡，愛迪生經常通宵達旦地工作，疲倦了，就把書當作枕頭，在實驗桌上睡覺。愛迪生沿著前人的腳印，先後進行許多試驗。他絞盡腦汁，歷時一年多，使用一千六百多種礦物和金屬的耐熱材料，進行上萬次的實驗，結果都失敗了。在此不久以前，對於他發明電燈，報紙上不斷地吹捧；可是轉眼之間，報紙上卻開始諷刺他，說他是在做白日夢。無論是吹捧還是諷刺，愛迪生不為所動，樂觀地面對試驗的失敗。

有一次不知道為什麼，他的手指碰到桌上的一堆燈芯，他灰色的眼睛突然一亮，立刻叫助手們拿來幾軸棉線，助手們按照他的吩咐，把棉線彎成髮夾的樣子，放在鎳製的模型裡，送進高溫密閉的爐中，燒成一根碳精絲，然後把它裝進燈泡裡，抽掉燈泡裡的空氣，再把抽氣口加以密封，通上電流，電燈就亮了，而且光線是那麼明亮、柔和、穩定，終於成功了！

一八七九年十月二十一日，世界上第一盞鎢絲電燈誕生了！愛迪生發明的「夜間的太陽」，使人類進入電燈照明的新時代，這是一個偉大的發明！第一個「夜間的太陽」——電燈，照亮了四十五個小時，愛迪生的助手們唱著、笑著，就算是聖誕節也沒有這麼歡樂！

別人問愛迪生為什麼試驗失敗幾千次，還可以一如既往地堅持下去，愛迪生面帶笑容地說：「誰說我試驗失敗幾千次？每次試驗都有收穫，因為我知道那種物質不能用來製作電燈。」愛迪生就是這樣享受自己「失敗」的試驗成果，最終他如願以償地發明電燈。

失敗不可怕，可怕的是面對失敗灰心喪氣，在失敗的打擊下一蹶不振，失去一顆敢於嘗試的心，屈服在既定的命運下。只要嘗試，就有成功的希望和可能。如果我們可以擁有坦然面對失敗的勇氣，在失敗中總結經驗，讓失敗成為我們下次開始的台階，成功就會屬於我們。**失敗不是一件壞事，至少透過失敗，我們可以看到自己的缺點，充分認識到需要改進和提升的地方。**在生活中，失敗不可避免，關鍵是面對失敗，我們作何反應。如果我們可以像愛迪生那樣樂觀地面對失敗，把失敗看作自己成功的一個步驟，在失敗中學習，我們就可以叩開成功的大門，掌握自己的命運。

人生道路上，不是只有成功才是收穫，失敗也是收穫。如果人生缺少失敗，將會是一種缺憾；人生有失敗，才會更絢麗多彩。

奔向空間無限的藍海

藝術家說：學我者生，似我者死。

文學家說：抄襲是埋葬所有才華的墳墓，創新是精品產生的泉源。

經濟學家說：逃離競爭殘酷的紅海，奔向空間無限的藍海。

做一條反向游泳的魚，不走尋常路，才可以看到不同的風景；不走尋常路，是因為心繫遠方。

面對一個問題，沿著某個固定方向思考而不得其解的時候，靈活地調整思考的方向，從不同角度展開思路，就有可能在反中求勝，改變自己的命運。

一八七七年八月的一天，美國發明家愛迪生為了調整電話的送話器，用一根短針檢驗傳話膜的震動情況，意外地發現一個奇特的現象：手裡的針接觸到傳話膜，隨著電話傳來聲音的強弱變化，傳話膜產生一種有規律的顫動。這個奇特的現象引起他的思考，他心想：如果反過來，使針發生同樣的顫動，不就可以將聲音復原出來，不就可以把人們的聲音儲存起來嗎？

循著這樣的思路，愛迪生進行試驗。經過四天四夜的苦戰，他完成留聲機的設計。愛迪生將設計好的圖紙交給機械師克魯希以後不久，一台結構簡單的留聲機製造出來了。

這台留聲機的發明，使人們驚歎不已。報刊紛紛發表文章，稱讚這是繼貝爾發明電話之後的偉大創造，是十九世紀的另一個奇蹟。

在留聲機的設計、發明過程中，愛迪生的逆向思維產生關鍵性的作用。

逆向思維的技巧，就是不採用人們經常思考問題的思路，而是從完全相反的角度去思考問題，也就是人們經常說的「反其道而行之」。在一般人看來，這種方法不合情理甚至是荒謬的，但正是因為採取這種思維，思考者才得以擺脫傳統觀念和習慣勢力的束縛，朝向新的成果躍進，創造新的觀念和理論。

逆向思維本身就是靈感的泉源。遇到問題，我們不妨多想一下，是否可以從相反的方向考慮解決的方法。反其道而行是人生的一種智慧，別人都在努力向前的時候，你可以做一條反向游泳的魚，尋找屬於你的終南捷徑。

跟大人物共同起跑

偉大的人物總是受到普遍的歡迎和萬世的敬仰，他們的卓越總是可以得到人們的羨慕，繼而被效仿，因為人們也希望成為此類出色的人物。大人物們可以得到最大的幸福和滿足，活出成功和精彩，他們的優越看似天賜祥福，其實有很大的個人因素。原本，美好的生活也不是他們的獨享物品，而是每個人都可以擁有的，只是我們尚未熟悉一些成功的方法，但是他們以卓越的個性、素質、理念、方法，使成功在他們的觸手可及之處。

人生就是一場開闢新航路的海上旅行，每個人必須站在舵手的位置上，駕駛一葉生命的扁舟，駛進茫茫大海。是乘風破浪，還是徐徐而行；是逆水行舟，還是順流而下？每艘航船的選擇不同，人生的航行隨之千姿百態，其結果也會有所不同。大海中，有洶湧的波濤、致命的暗礁、狂風驟雨、潛流暗湧，生命的航程對任何人來說，不可能一帆風順。在尚未歷盡苦難之時，如果我們開始的時候就有航海圖，至少會減少征途的一半危險。**這張航海圖，就是我們效仿的卓越人物，他們的各種經歷和行事方法，為**

我們提供確實可行的航程。

偉大的人物之所以偉大，必有其過人之處。綜觀中外歷史上的出色君主、政治家、科學家、文學家、藝術家，他們除了具備某個方面的天賦，剩下的共同特點是擁有成就的渴望、鋼鐵般的意志、永恆的決心、謙遜的精神。

西方歷史上的幾個人物，例如：摩西、居魯士、羅穆盧斯、提修斯，他們的性格和精神受到許多人的推崇。摩西是猶太教的創始人，居魯士是波斯帝國最出色的統治者，羅穆盧斯是古羅馬的締造者，提修斯是雅典偉大的英雄。我們先來看看提修斯的傳奇人生究竟有什麼特別之處：

雅典有一句古老的諺語：沒有什麼事情是提修斯沒有做過的。提修斯是雅典國王埃勾斯的兒子，青年時期在母親的故鄉（希臘南部的城市）度過。提修斯長大以後，身體素質極好，性格活躍，想要成為一個偉大的英雄，並且越快越好。他的腦海裡，都是希臘英雄海克力斯的身影。海克力斯是希臘神話裡的英雄，也是宙斯之子。

提修斯決定離開家鄉，去雅典尋找成功之路。如果選擇坐船，他可以避免很多危險，但是他選擇走陸路，面對許多盜匪。一路上，提修斯把遇到的盜匪都殺了，維護正義，除惡懲奸。可想而知，希臘人是如何熱烈地頌揚這位剷除毒蟲的年輕人。提修斯到達雅典的時候，已經是公認的英雄人物，並且被邀請參加國王舉行的宴會。

但是埃勾斯此刻不知道提修斯是自己的兒子，反而擔心提修斯的公眾影響力超越自己，想要毒死他。直到提修斯把埃勾斯留給母親的佩劍拿出來，埃勾斯才認出他，並且及時阻止悲劇的發生。此後，提修斯成為雅典人民愛戴的王子，但是他的人生不可能這麼平靜。當時，克里特島強大的統治者米諾斯正在進攻雅典王國，因為他唯一的兒子安卓哥斯在雅典喪命。原因是埃勾斯讓安卓哥斯去殺一隻到處行凶的米諾陶牛，不料米諾陶牛反而把安卓哥斯殺了。

米諾斯攻佔雅典之後，聲稱要把此處夷為平地，除非每隔九年，雅典向他進貢七對童男童女，給米諾陶牛做祭品。此時，提修斯主動要求做進貢者，所有人對他的奉獻精神和德行產生崇敬，但是沒有人知道他想要殺掉米諾陶牛。提修斯勇猛無比，不僅施計殺掉米諾陶牛，並且得到米諾斯之女阿里阿德涅的青睞，他們一起登上船隻私奔，向雅典駛去。在回程中，阿里阿德涅不幸死去，提修斯回到自己的國家，當上國王。

提修斯的出色之處想必顯而易見，成就的渴望、鋼鐵般的意志、永恆的決心、謙遜的精神，除了第四點稍顯薄弱以外，其他三點絕對具備。提修斯把海克力斯當作偶像，並且視其為畢生的導師，可以證明，即使是偉大的人物也有偶像，並且把超越偶像視為自己追求的目標。

想要成為卓有成就的人，依循偉大的人物走過的道路似乎已經成為必然。古語所說的「以史為鑑」，其中也包含這個意思。所以，從現在開始，為自己確定一個可以效仿的出色目標吧！

用你的笑容征服世界

有一樣東西，在家中產生，不能買、不能求、不能借、不能偷，因為在人們得到它之前，它是對誰都無用的東西。它在給予人們之後，會使你得到別人的好感。它是疲倦者的休息、失望者的陽光、悲哀者的力量，也是大自然免費賦予人們的一種解除苦難的良藥。沒錯，它就是微笑。如果你覺得自己沒有任何長處，就從現在開始微笑吧！因為微笑就是陽光，可以消除人們的憂愁。

史坦哈德在紐約證券交易所上班，他給人們的感覺是一個很嚴肅的人，在他的臉上難得見到一絲笑容。他已經結婚十八年，這麼多年以來，從他起床到離開家裡這段時間，他難得對自己的妻子露出笑容，也很少說上幾句話。

有一天，他得到一位成功學大師的指點，使他下定決心要改變這種狀況。早晨他梳頭的時候，從鏡子裡看到自己那張繃得很緊的臉孔，他對自己說：「史坦哈德，你今天必須把你那張凝結得像石膏像的臉鬆開，展出一副笑容，就從現在開始。」

吃早餐的時候，他的臉上有一副輕鬆的笑意，他向妻子打招呼：「親愛的，早安！」他妻子的反應是驚人的，她完全愣住了。可以想像到，那是出於她意想不到的高興，史坦哈德告訴她以後都會這樣。從那以後，他的家庭生活完全改變了。

史坦哈德去辦公室的時候，會對電梯員微笑地說：「早安！」去銀行換錢的時候，面對櫃檯的員工，他的臉上也帶著笑容；甚至在他去證券交易所的時候，對那些素昧平生的人也帶著笑容。

不久，他發現每個人都對自己微笑，微笑帶給他很多快樂。

史坦哈德也改掉原本直接批評別人的習慣，把斥責別人的話語換成讚賞和鼓勵。他再也不說「我需要什麼」，而是接受別人的觀點。這些做法真實地改變他原本的生活，現在他是一個跟過去完全不同的人，一個更快樂、更充實的人。

看到這裡，你是不是覺得自己也應該開始微笑？但是對於那些喜歡抱怨的人來說，他們寧願拉長著臉，也不想對別人露出笑容。然而，用不滿的目光面對這個世界的時候，怎麼可能期待世界給你一個溫暖的擁抱？

所以，你要嘗試去做一件事情：讓自己微笑。如果你獨在一處，可以自己唱歌，做出快樂的樣子，就可以使自己快樂。哈佛大學教授威廉・詹姆斯曾經說：「行動好像是跟著感覺走的，可是事實上，行動和感覺是並行的。所以，你需要快樂的時候，就要發自內心地努力讓自己快樂。」

人生就像一個調味盤，有甜蜜也有苦難，缺失了哪一樣，生命就會不再豐盈和完滿。所以，那些不可避免的苦難發生的時候，不要抱怨，微笑著把它們全部收入行囊，昂首挺胸地踏上下次的征途。

恐懼成功，就會註定失敗

西方有一句名言：「失敗的人不一定懦弱，懦弱的人卻經常失敗。」這是因為，懦弱的人害怕有壓力的狀態，因而他們害怕競爭。在對手或困難面前，他們不善於堅持，經常選擇逃避或屈服。

懦弱是恐懼的同伴，懦弱帶來恐懼，恐懼加強懦弱，它們束縛人們的心靈和手腳。恐懼的詞語和言語，經常將我們恐懼的事物招致身邊。

美國最偉大的推銷員法蘭克．貝特格說：「如果你是懦夫，你就是自己最大的敵人；如果你是勇士，你就是自己最好的朋友。」對於膽怯又猶豫不決的人來說，一切都是不可能的，正如採珠的人如果被鯊魚嚇住，怎麼可能得到名貴的珍珠？

那些總是擔心受怕的人，無法得到真正自由的人生，因為他們會被許多恐懼和憂慮包圍，看不到前面的道路，更看不到前方的風景。

在波士頓的一個小鎮上，有一個名叫傑克的青年，他一直嚮往大海。一個偶然的機會，他來到海邊，那裡籠罩著霧氣，天氣寒冷。他心想：這就是我嚮往已久的大海嗎？他又想：幸虧我不是水手，如果我是水手，那真是太危險了。

在海岸上，他遇見一個水手，他們開始交談。

「海不是經常這樣寒冷又有霧氣，有時候，海是明亮而美麗的。但是在任何時候，我都喜歡海。」水手說。

「當一個水手不是很危險嗎？」傑克問。

「一個人熱愛自己的工作，不會想到什麼危險。我們家裡的每個人都喜歡海。」水手說。

「你的父親在何處？」傑克問。

「他死在海裡。」

「你的祖父呢？」

「死在大西洋裡。」

「你的哥哥呢？」

「他在印度的一條河裡游泳的時候，被一隻鱷魚吞食了。」

「既然如此，」傑克說，「如果我是你，我永遠不去海裡。」

水手問：「你願意告訴我，你的父親死在哪裡嗎？」

「死在床上。」

「你的祖父呢？」

「也是死在床上。」

「這樣說來，如果我是你，」水手說，「我永遠不去床上。」

如果懼怕海中的波浪，註定無法體驗到海的魅力。

學者馬爾登曾經說：「人們的不安和多變的心理，是現代生活多發的現象。」他認為，恐懼是人類生命情感中難解的癥結之一。面對自然界和人類社會，生命的過程不可能平安無事，總會遇到許多意想不到的挫折、失敗、痛苦。一個人預料將會有某種不良後果產生或是受到威脅的時候，就會產生這種不良情緒，並且為此緊張不安，憂慮、煩惱、擔心、恐懼，程度從輕微的憂慮一直到驚慌失措。

最壞的一種恐懼，就是經常預感某種不祥之事的來臨。這種不祥的預感，會籠罩一個人的生命，就像雲霧籠罩爆發之前的火山一樣。

在這個世界上，沒有永遠的成功者，也沒有永遠的失敗者。有人畏縮，得到的也會失去；有人勇敢，失去的也會得到。只要不斷嘗試、不斷磨礪，讓自己的內心變得強大，就可以戰勝恐懼。只要告別恐懼，勇敢地向前走，別人可以做到的事情，我們也可以做到。恐懼是人生道路上的一條壕溝，只要跨過去，就可以擁有出路和希望。

抱怨會讓你變得討厭

在人群中，喜歡抱怨的人就像菟絲子一樣，抱怨的情緒會像線狀的莖絲一樣，纏繞在別人的身上，被別人厭惡。菟絲子寄生於其他植物身上，吸取的是營養，抱怨的人在不知不覺中榨取別人的能量，直到被周圍的人群放逐。

戈洛爾是公司的業務精英，在年終業績評比的時候，他的業績名列公司的第五名。按照慣例，業績在公司前六名的員工可以獲得一筆年終獎金。對此，戈洛爾非常興奮，甚至已經許諾為妻子買一條項鍊。

不料，公司公布的獲獎名單上，竟然沒有他的名字！第七名都入圍了，唯獨沒有他，為什麼？

戈洛爾怒氣沖沖地找主管理論，主管告訴他這次績效考核，不僅評估業績，還要評估平時的表現，尤其是個人的心態。很多同事反映戈洛爾的抱怨太多了，影響公司的團隊合作士氣，甚至讓同事之間產生很多誤會，導致失去一些客戶，所以公司決定取消戈洛爾的獎金資格。

主管的一番話，像炸彈一樣，撞擊戈洛爾的內心。他先是驚訝，繼而憤怒，然後是羞愧，他低下頭，臉上發燙。主管拍著他的肩膀，語重心長地說：「我可以理解你現在的心情，回去反省一下，相信明天見到的你，會是一個全新的人。」

那一刻，他覺得公司的同事都在嘲笑他、奚落他，讓他感到無地自容。對主管的話，他找不到任何反駁的理由，因為他確實就像主管說的那樣——喜歡抱怨。

其實，戈洛爾是一個非常有才華的人，他本來可以得到更好的工作，但是由於一些變故，他來到現在的公司。所以，從進入公司的第一天起，他就怨天尤人，讓主管和同事覺得不愉快。他經常抱怨命運不公平，抱怨主管無法處理事情，抱怨同事喜歡佔便宜……總之，從主管到同事，他都是不屑與不滿的態度，走到哪裡都在抱怨，抱怨與他形影不離。

在每個團體中，都有像戈洛爾這樣的人。他們每天輪流把「槍口」指向團隊中的任何一個角落，埋怨這個、批評那個，而且從上到下，很少有人可以倖免。在他們的眼中，到處都可以看到缺點，因此隨時可以聽到他們的批評。這些人把所有事情看得太嚴重，心裡稍微不平衡，就會歇斯底里地發作，看任何人都不順眼，彷彿所有人都做出對不起他們的事情。不僅如此，他們整天喋喋不休，到處找人發洩不滿，甚至大放厥詞，自己抱怨也就罷了，還想把別人拖下水。天長日久，不僅會給團隊製造麻煩，甚至造成彼此之間互相猜疑，沒有人喜歡與總是抱怨的人為伴，沒有人願意自己成為別人的槍口，於是被疏離就是這些人最後的下場。

不斷抱怨的人，終有一天，會被自己播下的蒺藜傷到。

批評無法解決問題，只會擴大事端

心理學家傑斯・雷爾曾經說：「稱讚對溫暖人類的靈魂而言，就像陽光一樣，沒有它，我們就無法成長開花。但是大多數的人，只是忙於躲避別人的冷言冷語，我們卻吝於把讚許的溫暖陽光給予別人。」

你喜歡溫暖的陽光，還是喜歡帶著冬天寒氣的冷言冷語？以前，威爾・鮑溫一直以為批評與指責比溫和的語言更有針對性，效果也會更明顯，但是經過一件事情，他發現有時候批評無法解決問題。

鮑溫的家在一個彎道的拐角處，距離速限從二十五英里到五十五英里的交接處很近，所以經常有人開車飛速地從他家門前駛過，他的愛狗金吉爾就是死在一輛瘋狂行駛的汽車下。

後來，鮑溫在花園裡除草的時候，看到飛速駛過的車輛，他就會朝著駕駛人大喊，以便讓駕駛人把車速降下來。但是，即使他揮舞雙臂，示意駕駛人開慢一些，也很少可以實現想要的效果，這讓他非常生氣。在那些從未減速的車輛中，有一輛黃色的跑車給他留下深刻的印象，駕駛人是一個年輕的女士。

鮑溫始終無法明白，這麼年輕的女士，為何總是把車子開得像瘋狂的賽車一樣？

有一天，她再次開車飛快地經過，鮑溫正在開著除草機割草，他的妻子在花園邊緣種花。鮑溫放棄讓她減速的努力，繼續專心地工作。但是那輛車的煞車燈亮了一下，竟然神奇地慢下來。鮑溫第一次看到這輛車子不是以要命的速度呼嘯而過，他甚至出現幻覺，因為那個年輕的女士對他和妻子微笑。

女士的車子遠去之後，鮑溫好奇地問妻子：「到底發生什麼事情？她竟然把車子開得這麼慢！」

妻子笑了笑，回答：「我只是對她微笑著揮手打招呼，她也對我微笑，所以就減慢車速。」

鮑溫愣住了。他想起自己以前經常坐在割草機上，憤怒地揮舞自己的手臂，大聲地提醒過往的駕駛人注意車速，在他們看來，自己是不是像一個脾氣暴躁的瘋子？那輛黃色的跑車，從來沒有因為鮑溫的憤怒和指責慢下來，但是今天卻因為一個微笑而優雅地駛過。

那個時候，鮑溫突然想到：沒有人喜歡批評的語言。批評只會擴大事端，卻無法解決問題。而且，批評的本質其實是帶著利刃的抱怨，既讓人討厭，又令人鄙視。

事實上，每個人都會犯錯，但是「沒有什麼人比那些不能容忍別人錯誤的人更容易犯錯」。不幸的是，有些人習慣嚴於律人，如果別人犯錯了，他們會站在制高點上指責埋怨，這樣的人就是別人心中的地獄。抱怨別人成為一個人生活中的必修課，他的生活就會在這種抱怨中腐敗變質，自己卻久而不聞其臭，成為「抱怨」的犧牲品。

不要用批評的方式發洩心中的怒氣，一個人的能力會在批評下萎縮，在鼓勵下綻放花朵。所以，想要從別人那裡得到溫暖的陽光，就不要用冰冷的言語和臉孔對待別人。

有些人似乎養成一種惡習，經常批評和指責別人，甚至以此為快。他們經常不自覺地射出抱怨之箭，中傷別人，其結果要麼傷害別人，要麼被人抵擋，反而自傷。

第三章

生活處處是課堂

兒時的拼寫訓練，會影響孩子的一生

現在的老師和家長忽視孩子的拼寫訓練，因為在他們看來，拼寫對於孩子來說不是非常重要。有些老師和家長會督促孩子練習拼寫或書法，可是他們的目的只是要孩子多得到幾個獎項，或是多培養孩子一項技能，造成現在的孩子書寫速度慢，而且錯誤率高。

實際上，孩子書寫程度的高低，直接影響孩子的學業成績。透過細心觀察，我們會發現，學習成績好的孩子的書寫程度比較高，學習成績差的孩子的書寫程度落後於前者（也有例外）。因此，我們應該從小注意孩子的拼寫訓練。

史特娜夫人用ＡＢＣ木板的遊戲方式教會女兒拼音以後，又開始教她拼寫。一次偶然的機會，她發現打字機是一種教孩子拼寫的最好工具，書中是這樣闡述的：「有一天，我正在使用打字機，女兒走進來，請我教她使用打字機。當時因為沒有時間，所以答應明天教她。第二天我外出回來的時候，她給我看一張紙。在那張紙上，她用打字機打上一本兒歌書中的一頁內容。她只是把字打上去，沒有大寫字母，也沒有間距。儘管如此，這樣也不簡單，我立刻誇獎她打得很好。」

從此，史特娜夫人開始教女兒打字。她非常高興，每天打出各種詩歌和故事。就這樣，她不知不覺地學會拼寫，以後又學會寫詩和寫故事，此時她還不到三歲。後來，她每天用打字機打出一些名詩和著名文章，並且在不知不覺之中背下這些有名的詩篇和文章。除了用打字機以外，史特娜夫人也沒有放棄鋼筆、紙這種傳統的書寫工具。

女兒模仿媽媽要用鋼筆的時候，史特娜夫人就抓住這個機會，教她寫字。為此，史特娜夫人努力教會女兒使用鋼筆的方法。

女兒第一次提出要用鋼筆寫字的時候，史特娜夫人沒有給她鋼筆，而是給她紅色鉛筆，並且鼓勵她寫出自己的名字。她將名字寫出以後，她的父親看了非常驚訝，並且得到表揚。於是，她也非常高興，拼命練習。經過幾天的努力，她終於漂亮地寫出自己的名字，此時她只有一歲零五個月。她兩歲的時候，有一次她們全家三人住旅館，史特娜夫人讓她在登記簿上簽名，旅館老闆非常驚訝。這樣無形中可以形成對孩子的鼓勵，孩子就會更有寫字的興趣。

在她看來，只要父母耐心教導，孩子很快就可以學會，現在的父母也可以嘗試用這樣的方法來吸引孩子。

學生討厭歷史課，理所當然

傳授知識，死板地教，孩子不容易記住。就像少數學校的歷史課，完全是照搬年代表，毫無趣味，學生討厭它也是理所當然。如果用說故事的方式，孩子就會喜歡聽，而且容易記住。**因為故事可以訓練孩子的記憶力，啟發孩子的想像力，並且拓展他的知識**。故事具體易懂、切合實際，便於孩子記憶。同時，父母可以一邊為孩子說故事，一邊讓孩子自己敘述，這樣可以訓練孩子的語言表達能力，也可以提高孩子的記憶能力。

女兒還不會說話的時候，史特娜夫人就說希臘、羅馬、北歐各國的神話給她聽。等到她會說話以後，母女兩人就表演這些神話。史特娜夫人的故事都是非常有目的性的講述，對女兒說神話是為了使她對天文學產生興趣，讓她看雕刻藝術是為了使她可以理解雕刻作品的內容。

父母還可以採用一種方法，就是起初用說故事的方式，而後把它們編成紙牌，採用遊戲的方式。這樣一來，孩子們可以從遊戲中讀到一本有趣的書，並且寫出要點。例如：史特娜夫人為了使女兒記住神話故事，她經常把相關內容編寫在紙牌上。在教各國歷史的時候，她也採用同樣的方法。

女兒很小的時候，就把各種事情寫成韻文來記憶，因為韻文比散文容易記住。她寫的韻文很多，其中有部分曾經以《敘事詩》的名義出版。

女兒八歲的時候，她的父親曾經用骸骨教她生理學。一次，她趁著父親外出旅行，用韻文寫下已經記住的骨頭、筋肉、內臟的名稱。父親回來以後，見此非常驚訝。在學習生理學的同時，維尼芙雷特也學習衛生學，進而瞭解關於食物和疾病的許多知識。

還有一點，父母需要非常注意，那就是：向孩子灌輸各種知識的時候，這些知識一定是孩子將來用得到的。有些人雖然知道很多事情，卻只是「知道」而已，這些知識對自己沒有任何用處。史特娜夫人不想讓女兒成為這樣的人，因此她努力向女兒灌輸服務精神，決定把她培養成為可以為社會和人類謀福利的人。

很多家長認為，說故事是一件很容易的事情，只要拿著一本書，對孩子說出來就可以了。其實，這樣無法達到我們想要的效果，真正的說故事有很多的學問。

我們怎樣才可以成為一個說故事的專家？

首先，因為孩子年齡小，生活經驗少，對事物的認識不夠，生疏的事物無法引起他的興趣。因此，說故事要從他熟悉的事物開始，向孩子說一件關於他自己或是在家裡發生的真實事情，這樣的故事會使他覺得生活是真實的。例如：「我還記得你……的時候……」這樣真實的故事會使孩子著迷。

其次，可以用孩子喜愛的玩具作為故事的主角，編幾個故事給他聽，並且在這些故事中加入一些生活的道理，這樣比家長直接教育的效果更好。

最後，可以讓孩子填充故事的空白。在說故事的過程中，偶爾停下來，要求孩子把故事情節說完。一個故事，他可能已經聽過很多次，也有可能完全沒有聽過，這樣可以提高孩子的想像力和記憶力，孩子也可以從中獲得許多樂趣。

說故事的時候，還要注意以下幾個問題：

（一）說故事的時候，要用孩子可以聽懂的語言，不要用成人語言，或是照本宣科地用書面語言。

（二）說故事的時候，要注意聲調的變化，要繪聲繪色，但是不要過分誇張，這是因為：一方面，繪聲繪色更可以表現故事的思想感情，幫助孩子體會；另一方面，繪聲繪色還可以影響孩子的語言表達能力。

（三）故事內容要簡短，要具體，而且要根據孩子的性格有針對性地講解。

（四）說故事的時間不要過長，二十分鐘以內最好。

給孩子建立「品格表」

儘管我們知道品格的重要性，卻不瞭解品格在生活中孕育的道理。其實，孩子的日常生活行為與態度，如果形成習慣，就會成為孩子性格中的一部分，影響孩子的學校生活、生活習慣、人際交往、品格意志等各個方面的發展，甚至會影響孩子的一生。

如果家長忽視日常生活的教養，疏忽生活教育，不重視品格的培養，孩子就不會友善待人，也不會自愛。

人生在世，自己的行為必然會得到相應的對待。史特娜夫人認為，讓孩子瞭解這個道理非常重要，她就是按照這個原則來教育女兒。例如：如果孩子做了好事，第二天起床的時候，她就會在枕頭旁邊發現放著好吃的點心。史特娜夫人會告訴她：「這是因為你昨天做了好事，仙女給你的獎賞。」如果她做了壞事，第二天起床的時候，這些東西就會不見了。史特娜夫人會告訴她：「因為你昨天做了壞事，仙女沒有來。」

孩子脫下衣服，自己不收拾的時候，就讓它放到第二天，史特娜夫人也不會收拾，而且不會拿出新衣服給她穿。如果她晚上把髮帶折疊好，「仙女」就會經常換成新的，如果不收拾，只能戴著舊髮帶。如果她把玩偶隨意丟在床上，「仙女」就會把它藏起來，使她幾天之內不能用這個玩具做遊戲。

有一天，女兒把一個珍貴的玩偶丟在草坪上，被小狗咬壞了。她哭叫著把它拿給媽媽看，但是媽媽沒有買新的玩偶給她，反而教訓她：「把那麼好的玩偶放在草坪上，這是多麼殘忍啊！如果我把你放到野外，被老虎和獅子吃掉，媽媽會有多麼心痛啊！」

還有一次，維尼芙雷特要到朋友家，問媽媽可不可以。媽媽說可以，但是她必須在十二點半以前回來。但是，那天不知道為什麼，她沒有準時回來，而是過了十分鐘才回來。媽媽什麼也沒有說，只是指著手上的錶讓她看。孩子知道自己遲到不對，立刻道歉：「我錯了！」吃完飯以後，她立刻換衣服，準備去看她們每個星期二都會去看的戲劇。媽媽讓她再看看錶，並且說：「今天因為時間太緊迫來不及了。」她流下眼淚，媽媽只對她說了一句：「真是遺憾！」媽媽這樣做是為了讓她知道，媽媽說話是算數的，而且都是為她好。

為了使女兒養成良好的品格，媽媽幫她繪製「品格表」，一個星期一張，有十三項內容：服從、禮節、寬大、親切、勇敢、忍耐、真實、愉快、清潔、勤奮、克己、好學、善行。

如果女兒做出與這些項目相符的行為，就在那天的一欄中貼上一顆金星；反之，貼上一顆黑星。每個星期六計算，如果金星多，下個星期就可以得到和金星數量相等的書籍、髮帶、水果；如果黑星多，就無法得到這些物品。

這個品格表在星期六統計之後，也不讓她將其扔掉，這樣做是為了使女兒下定決心，在下個星期消滅黑星。這樣做也有利於培養孩子積極的心態，因為如果長期保留黑星，會使孩子感到沮喪。

寬大、親切、勇敢、忍耐、真實、愉快、清潔、勤奮……這些美德是學習成績、家庭背景、交際關係無法替代的，是孩子往後成就事業的根本素養。家長們可以仿照史特娜夫人的方法，為自己的孩子量身訂做一個「品格表」。

急功近利的教育會毀掉孩子

有一些父母，讓孩子去學習鋼琴和舞蹈或是其他藝術課程，是為了某種功利性的目的。

藝術教育不是為了幾張獎狀

許多家長認為，要有幾張含金量高的證書，以表現孩子的特殊性。還有一些家長認為，現在的藝術學習的目的，就是要把孩子培養成為一個可以炫耀的藝術家。家長們的這些想法，與現在的少數學校以在藝術活動中獲得獎狀的多少來評價藝術教育的品質的想法一致，造成藝術教育某種程度上的偏差。

期望孩子完美，是每個父母的心願

老威特從來沒有「炫耀」的想法，他雖然一直鼓勵卡爾從事藝術方面的活動，但是不表示要把他培養成為一個藝術家。卡爾喜歡繪畫和音樂，老威特給予他支持和鼓勵，因為這些愛好有助於增強他的想像力和創造力。當然，如果卡爾自己想要成為藝術家，那又是另外一回事。

老威特認為，愛好的最大特點是它的抒情和非功利性。有些人認為，老威特培養孩子繪畫、音樂、文學方面的興趣是為了在別人面前炫耀，這是人們對他的極大誤解。老威特從來沒有想過要把卡爾培養成為某個方面的天才，也從來沒有把他的才華向別人過分地展露。

老威特說：「我只是想要讓卡爾可以成為一個接受完美的人，只是想要讓他的一生充滿情趣，在幸福之中度過，僅此而已。」這是一個父親對孩子由衷的期望——完美，相信也是所有父母對孩子的期望。如果你已經為人父母，趕快行動，努力把孩子培養成為全面發展的人才，讓他的一生充滿快樂和幸福。

「無用」的東西也要教

為了讓卡爾得到全方位的發展，老威特不僅教給他很多「有用」的東西，也教給他很多在別人看來無用的東西。

例如：老威特教卡爾認識池塘水中的倒影、陽光下的陰影，卡爾很有興趣地注視自己雙手的影子，非常開心。

這些可以幫助卡爾擴大視野，擴展聯想的範圍，形成更多的情感，因為藝術在很大程度上是在抒發人類的思想感情。

老威特對卡爾愛好的培養，都是經過精心的安排，首先從住宅開始做起。老威特在住宅的房間中，不放置任何沒有情趣和不協調的東西。牆上貼著使人們心情舒暢的壁紙，並且掛著經過精心挑選的有邊框的畫作。老威特在室內擺設很有情趣的器具，不擺設任何不合身分的東西。

如果有人贈送的禮物和家具的擺設不協調，老威特不會擺出來。在衣著上，全家人都極為講究，不僅是老威特自己，他也要求家人衣帽整齊，打扮得乾淨俐落。

老威特在住宅的周圍修建雅致的花壇，栽種各色各樣從春到秋常開不敗的花卉，他不會種植那些沒有情趣和不協調的花卉。

此外，老威特也培養卡爾的文學愛好。老威特從小就說一些有趣的故事給他聽，等到他可以自己閱讀的時候，就向他推薦一些著名的文學作品。很小的時候，卡爾幾乎可以背下所有的名詩，荷馬、維吉爾這些偉大詩人的作品，他都非常喜愛，而且很早就會寫詩。

這正是老威特在教育方面的獨創，他摒棄功利目的的教育，讓自己的孩子日後擁有很多可望而不可即的「榮耀」，正有幾分無求自得的意味。**原因就是：非功利的教育更容易激發孩子的興趣，順從他的自由本性發揮最大潛力，這一點，也是非常值得借鑑的。**

在你看來的結果，正是原因

「別人為什麼不喜歡我？」很多人曾經遇到這個問題。癥結在於，人們抱持這樣的態度：「他不喜歡我，我為什麼要喜歡他？」「他喜歡我，我才會喜歡他！」

在人際交往中，人們總是喜歡別人主動向自己示好，然後自己再選擇性地向別人示好。這樣的心理讓人們秉持「靜觀其變」的原則，不願意主動「先喜歡別人」，而是「等著被喜歡」。如此一來，很多人逐漸有「不被喜歡」而「懊惱」的情緒。

其實，在與人們交往中，想要讓別人喜歡你，就要先喜歡別人。事實證明，有這樣的想法的人往往有良好的人際關係。

有一位心理學家曾經進行一個研究：他邀請許多被試者來參加一項實驗，分為四組。其中一個被試者是研究者的助手，即假被試者，研究者安排這個假被試者擔任這些被試者的臨時負責人。實驗休息的時候，這個助手就會離開被試者，到研究者的辦公室向其報告情況，其中會談到對其他被試者的印象和評價，被試者的休息室與研究者的辦公室只有一牆之隔，雖然兩人壓低聲音談話，但是實驗以巧妙的安排，讓被試者可以清楚地聽到別人怎樣評價自己。

實驗有四種情境：

肯定——讓第一組被試者始終得到良好的評價：假被試者從開始的時候就表示欣賞和喜歡他們。

否定——對於第二組被試者，假被試者自始至終對他們抱持否定態度。

提高——對於第三組被試者，前幾次評價是否定的，後幾次評價由否定逐漸轉向肯定。

降低——對於第四組被試者，前幾次評價是肯定的，後幾次評價由肯定逐漸轉向否定。

隨後，研究者問所有被試者對這個助手的喜歡程度，讓他們在負十~正十的量表上作答，結果發現，喜歡程度的平均分數：第一組的得分是+六・四二，第二組的得分是+二・五二，第三組的得分是+七・六七，第四組的得分是+〇・八七。

這個實驗最後的結論是：你肯定別人，別人就會喜歡你；你否定別人，別人就會不喜歡你。

有一個老人，每天都要坐在路邊的椅子上，向開車經過鎮上的人打招呼。有一天，他的孫女在他的身旁，陪他聊天。此時，有一個遊客模樣的陌生人在路邊四處打聽，想要找一個地方住下來。

陌生人從老人的身邊走過，問：「請問，住在這座城鎮還可以吧？」

老人轉過來回答：「你原來住的地方怎麼樣？」

遊客說：「在我原來住的地方，人們很喜歡批評別人。鄰居之間經常說閒話，那個地方很不好。我很高興可以離開，那裡不是一個令人愉快的地方。」

老人對陌生人說：「我要告訴你，其實這裡也差不多。」

過了一會兒，一輛載著一家人的車子在老人旁邊的加油站停下來加油。車子慢慢開進加油站，停在老人和他孫女坐的地方。

此時，父親從車上走下來，對老人說：「住在這座城鎮還可以吧？」

老人沒有直接回答，反問：「你原來住的地方怎麼樣？」

父親看著老人說：「在我原來住的地方，每個人都很親切，願意幫助鄰居。無論去哪裡，都會有人跟你打招呼，我真是捨不得離開。」

老人看著這位父親，臉上露出和藹的笑容：「其實這裡也差不多。」

車子發動了，那位父親向老人說了一聲謝謝，驅車離開。等到那家人走遠，孫女抬頭問老人：「爺爺，為什麼你告訴第一個人這裡很可怕，卻告訴第二個人這裡很可愛？」

老人慈祥地看著孫女說：「不管你搬到哪裡，都會帶著自己的態度。那個地方可怕或可愛，全是在於你自己！」

別人對你的態度，首先取決於你對別人的態度。可是在現實生活中，人們不會注意自己的態度，而是習慣於在別人的身上找問題，覺得受到別人的冷落，就是因為別人看不起自己，或是對方不懂得禮貌，這樣的想法是錯誤的。受到別人的誤解和冷落，首先要檢討自己對別人的態度。如果你是挑剔的、冷淡的、苛刻的，別人不可能對你熱情。可是如果你用熱情、寬容、充滿關愛的心去對待別人，別人就會逐漸向你展露微笑。

拿一手壞牌，不註定就是敗局

四個人相約一起打牌，於是正襟危坐，定下玩牌的規矩：誰的牌先出完，就算誰贏。任何人可以在接完牌之後選擇棄權，但是最初選擇棄權的人不是輸家，最終的輸家是最後把牌出完的人。

發完牌以後，四個人的表情各不相同：甲偷看別人的反應，乙面無表情，丙自言自語地念著，丁滿臉笑容。

經過一番思忖之後，甲放下手中的牌，選擇棄權。因為他認為自己沒有關鍵時刻決勝的王牌，也沒有可以一次出去幾張的串牌，細觀其他三人的神情，他做出判斷：別人的牌一定比他好，不如選擇做倒數第二名。

於是，四個人的角逐立刻成為三個人的「遊戲」。起初的出牌沒有任何「刀光劍影」，三人都在靜候出絕招時刻的到來。丁連續出幾次小牌的時候，乙和丙面帶詭異之色地表示放自己一馬，但是最後的結局讓其餘三人跌破眼鏡。

不斷出小牌的丁丟出最後一把牌的時候，乙和丙的手中握著滿手的好牌，驚呼：「不可能！」原來，乙認為丁有可以出奇制勝的王牌，所以不敢輕易丟出自己的王牌，擔心王牌被浪費；丙依靠自己的經驗：王牌一定要在別人出王牌的時候去壓過他，這樣更有贏牌的可能。所以他們都在等待，最終卻等到失敗。

攤開四個人原本手上的牌，最壞的牌竟然在丁的手裡，但是他卻成為最後的贏家。

有時候，人生就像這場牌局一樣，結果看似不可思議，但是卻確實存在。一個滿手壞牌的人，竟然可以在這麼多的強者中取得勝利，誰敢說他憑藉的只是運氣？假如甲不棄權，假如乙不猶豫，假如丙不受經驗的束縛……人們總是會設想出無數種假如，假如不這樣，假如不那樣，否則自己就是贏家。輸牌的時候總是有很多藉口，但是有沒有問過自己，是否有拿到壞牌時的淡定？是否有拿到壞牌的時候把它打好的勇氣？是否可以全力以赴地在困境中尋找出路？都沒有。

人生猶如牌局，翹首以盼滿手好牌的時候，卻經常失望而歸，於是感到失落，一蹶不振，甚至放棄，或是懷疑風水不好。許多人總是覺得別人的牌比自己好，所以難以釋懷，等到攤開牌之後驚呼：「別人的牌這麼差！」但是勝利的表情已經洋溢在別人的臉上。

人生猶如牌局，撲朔迷離，不到最後一刻，誰也猜不出哪個人是贏家。**獲勝的關鍵不是在於牌的好壞，而是在於打得好不好。**

生活反覆無常，每個人都有拿到壞牌的時候，也許是本身擁有的條件不好，也許是在過程中遇到阻礙：輟學、失業、失戀、資金短缺、人才匱乏、缺乏競爭力，都是在我們的頭上重重敲擊的一錘，但是這些不表示牌局已經確定了，相反地，滿手壞牌依然可以成功。

有一個人：二十二歲，生意失敗；二十三歲，競選州議員失敗；二十四歲，生意再次失敗；二十五歲，當選州議員；二十六歲，情人去世；二十七歲，精神崩潰；二十九歲，競選州長失敗；三十四歲，競選國會議員失敗；三十七歲，當選國會議員；三十九歲，國會議員連任失敗；四十六歲，競選參議員失敗；四十七歲，競選副總統失敗；四十九歲，競選參議員再次失敗；五十一歲，當選美國總統。這個人就是林肯，美國歷史上著名的總統。

林肯手中的牌不僅很差，甚至可以說糟透了，但是他把手中的壞牌打出好的結局。他依靠的是什麼？就是在失意的時候，他從來沒有放棄，自立自強使他最終獲得成功。

實際上，影響一個人發展的關鍵不是手上的牌的好壞，而是他是否可以繼續打牌，因為很多人在成功即將到來的時候放棄了。成功在於堅持不懈地努力，否則一切只是鏡花水月。

面對挫折，只有自強者才可以戰勝困難、超越自我。如果只是等待別人來幫忙，只會落得失敗的下場。**依靠自己的努力可以解決任何問題，永遠可以依賴的人只有自己！**

不要讓別人的優秀成為你的毒素

對別人的忌妒與惡意表現大度，才會有更大的成就。內心充滿忌妒的人，每當其競爭對手成功一次，他就會死去一次。如果那個被忌妒的人永遠成功，對忌妒的人就是永遠的懲罰。成功的號角一方面歌頌成功者的輝煌，另一方面宣告忌妒者痛苦煎熬的開始。

一個人的忌妒心，經常會讓他做出一些激烈行為，對於一個人的成長來說，就像是一顆毒瘤。人們經常對別人的忌妒抱持無所謂的態度，卻不知道忌妒的殺傷力超出我們的想像。別人的忌妒會傷害你，你的忌妒之火燃燒起來的時候，讓你受到的傷害更大。

一隻老鷹經常忌妒其他老鷹飛得比自己好。有一天，牠看到一個帶著弓箭的獵人，就對他說：「我希望你幫我把在天空飛翔的老鷹射下來。」

獵人說：「如果你提供一些羽毛，我就把牠們射下來。」於是，這隻老鷹從自己的身上拔下幾根羽毛給獵人，但是獵人卻沒有射中其他老鷹。

牠一次又一次地提供身上的羽毛給獵人，直到大部分的羽毛都拔光了。最後，獵人轉身過來抓住牠，把牠殺了。

忌妒對忌妒者的傷害，正如鐵鏽對鋼鐵的傷害一樣。心胸狹窄者無法避免失敗的結局，就是在於他們存心不良。智者對忌妒者始終抱持鄙視的態度，**英國作家薩克萊說：「一個人妒火中燒的時候，事實上就是一個瘋子，不能把他的言行舉止當真。」**

喜歡忌妒的人，不僅從自己所有的東西中拿掉快樂，還從別人所有的東西中拿走痛苦。忌妒者容易憂愁，生活不幸，最後使自己墮落。它如同毒蛇的毒液一樣，腐蝕你的頭腦，毀壞你的心靈。

既然忌妒如同毒素，就要轉移它，不要讓忌妒之火成為心中的繩索。任何事業的成功，都要和別人合作，忌妒會拆散所有的合作，讓你一事無成。

如果產生忌妒心，就會因為忌妒而失去理智，做出得不償失的事情。心胸狹窄者總是懷著怨恨之心，不停地感受或回味生命中的傷害與屈辱，甚至怒氣沖天，經常與別人作對，處於精神崩潰的邊緣，終日與懷疑和驚恐做伴，最後被自己的忌妒所害，痛苦萬分。

著名的華爾街投資大師巴魯克說：「不要忌妒。最好的方法是假定別人可以做的事情，自己也可以做，甚至做得更好。」想要超越別人，就要從超越自我開始。堅信別人的優秀不會妨礙自己的前進，相反地，它可能給你前所未有的動力。事實上，每個努力實現自己夢想的人，沒有時間去忌妒別人。

不要讓別人的優秀成為你的毒素，不要讓別人的優勢成為你的煎熬，讓自己的心胸更開闊，你的目光就會變得遠大，甚至使你的敵人成為你的朋友。不要因為忌妒而宣揚別人的缺點，因為這樣只會使你聲名狼藉。

你的身體跟思想是一致的

「我每天過得越來越好。」有些人每天在醒來和就寢以前都會朗誦這句話。對他們來說，這句話不是華而不實的語言表達，而是說明健康來自積極的心態。**對於健康，很多人的體驗是：積極的心態會讓身體健康，消極的心態可能會引發疾病。**

一個人心存消極想法，是一件非常危險的事情。現實生活中，有些人因為自己內心的挫折、仇恨、恐懼，對自己的健康造成傷害。因此，想要保持身體健康，首先要擺脫不健康的思想。憤恨不滿的情緒經常會引發疾病，如果一個人在工作上屢屢失意，他的心理就會向身體發出「生病」的心理暗示，藉此來逃避現實。

有一個男子過馬路的時候，不幸被車子撞倒而喪命。驗屍報告顯示，這個人有肺病、潰瘍、腎臟病、心臟衰弱。可是，他竟然活到八十四歲。替他驗屍的醫生說：「這個人全身是病，三十年以前應該就要去世了。」有人問他的妻子，他怎麼可以活這麼久？她說：「我的丈夫一直確信，他明天一定會過得比今天更好。」

有些人認為，在運用積極心態方面，多使用積極的表述，有利於身體健康。如果經常運用積極的話語來描述自己的健康狀況，可能會激發對身體有好處的積極力量。習慣性使用的一些詞語，可以反映出自己內在的某些思想。你的思想是積極還是消極，會影響身體器官的健康狀況。

曾經擔任美國精神治療協會會長的卡特博士談到一個人抱持的肯定態度對健康的影響，甚至反對人們使用像「我今天不會生病」這樣的說法。他認為，那樣只是半積極的態度，應該改為「我今天覺得比昨天好」，這樣才是非常積極的陳述，因而是一種引導健康的想法。**卡特博士說：「肯定的態度是以科學的事實為基礎，這些事實來自生物學、化學、醫學等學科知識。正確地運用肯定的態度，有助於改善你的健康，延長你的壽命，使你精力充沛，感到幸福，進而在各個方面取得成功，還可以替你保持一件最主要的東西——內心的平靜。」**

你的身體和心理的健康是不可分割的，任何影響你健全思想的因素，也會影響你的身體。同時，你的身體和心理的健康也會受到自然法則的規範，它對於你的身體和心理的規範和對於樹木、山脈、動物的規範沒有任何不同。因此，想要瞭解保持身體和心理健康的方法，必須先瞭解自然界的法則，與自然和諧相處而不是與自然對抗。想要得到健康的身體，就要具備積極的心態、健全的意識，在工作、娛樂、休息、飲食方面，培養良好而平衡的健康習慣。

第四章

人生並非由上帝定局，你也可以改寫

活在希望中，生活才會更有趣

生活不能沒有希望，這一點，聖地亞哥比誰看得更明白。在他的生活中，每天都要重複同樣的事情，如果有人說是索然無味的，他也說不出任何反駁的話。可是如果心中懷有希望，那就不一樣了。

聖地亞哥每天都要用牧羊拐杖戳羊群的頭，單調而機械地，一隻接著一隻，呼喚牠們的名字。作為一個牧羊少年，聖地亞哥明白，即使心中夢想著欣賞全世界最美妙的風景，也不能忘記自己的羊群。所以，他總是費盡心思地跟自己的羊群培養感情。他相信羊群可以聽懂他的話，所以他會把書上看到的精彩語句念給牠們聽，或是評論剛經過的村莊以及見過的事物。可是，在過去的兩天裡，聖地亞哥一直在跟羊群說著同樣一件事情：他將會見到他一直渴望見到的人——那個女孩，商人的女兒。

她住在幾天以後聖地亞哥要去的村莊裡。他曾經去過那個村莊一次，是去年。他透過朋友介紹，帶著羊群去找那個商人賣羊毛。商人正在忙，就讓聖地亞哥等一會兒。

聖地亞哥坐在商人家對面的山坡上，拿出一本書，默默地看著。他的這些舉動，引起商人女兒的好奇：「我從來不知道牧羊人也認識字。」

「哦，通常我從羊群裡學到的東西比從書上學到的更多。」聖地亞哥回答。

那是一次愉快的談話，因為聖地亞哥把在牧羊途中經歷的有趣事情盡可能地說給那個女孩聽，他的富有趣味的故事深深地吸引她，讓她不由自主地流露出羨慕與崇拜之情，讓聖地亞哥感到很自豪。於是，在商人請聖地亞哥第二年的同一天也去那裡賣羊毛的時候，他興奮地答應了。

聖地亞哥一直在想，再次見面的時候，他應該準備什麼故事說給那個女孩聽。總是這樣想著的時候，這件事情就變成一件很重要的事情，再也放不下了。他會幻想出許多場景，關於他們見面的場景。聖地亞哥滿足於這樣的幻想和準備，因為那個女孩不僅帶給他心靈上的安慰，同時也帶給他一種希望。他覺得，只有活在希望中，生活才會更有趣。

我們知道，後來因為要去解夢，聖地亞哥沒有如約去見那個商人的女兒，可是他對於與那個女孩再次見面的期待，卻成為他努力過好每一天的動力。他盡心地在那一年的約定中，尋找每個動人的故事，並且努力把自己的生活變得有趣，這些可以表現出希望的巨大魅力。

希望，就像一股引力，不管你現在遭遇的是什麼，只要心中懷有它，就不能停下自己追求美好的腳步。內心充滿希望，可以為你增添一分勇氣和力量，即使是身陷困境的低谷，也可以抓住向上的繩索，克服所有的困難。

所以，在現實生活中，不要讓你的內心失去希望，因為缺少它，你的生活就會變得索然無味，人生也會變得暗淡無光。

對所有人而言，謙遜即安全

作為一個高高在上的君主，謙遜有禮是必要的，有利於讓臣民的心傾向於他。就像作為一個主管，如果總是對下屬頤指氣使，就會失去人心，破壞整個團隊的合作氣氛。對於普通人來說，謙遜是美德之一，有利於人與人之間的和諧交往和互相學習。

謙遜的品格可以產生良好的人際效應，因為謙和溫恭會使別人難以拒絕你的要求，並且為你帶來名譽和幫助。**正如亞里斯多德所說：「對上級謙遜是本分，對平輩謙遜是和善，對下級謙遜是高貴，對所有人謙遜是安全。」**

謙遜就像蹺蹺板，你在這頭，對方在那頭。只要你謙遜地壓低自己這頭，對方就會升高，最終會為你打開成功之門。

有人曾經問蘇格拉底是不是生來就是超人，他回答：「我不是超人，我和平常人一樣。有一點不同的是，我知道自己無知。」這就是一種謙卑。**古羅馬政治家和哲學家西塞羅說：「沒有什麼可以比謙虛

和容忍更適合一位偉人。」

一顆謙遜的心，是自覺成長的開始。也就是說，在我們承認自己不知道一切之前，不會學到新東西。**西方哲學家卡萊爾說：「人生最大的缺點，就是茫然不知自己還有缺點。」**有些人只會自我陶醉，一副自以為是、唯我獨尊的態度，不知道這種態度會遭到多數人的排斥，使自己處於不利地位。

中國的道學始祖老子曾經用「水」來敘述處世的哲學：「上善若水，水善利萬物而不爭。」意思是說：上善的人，就像水一樣，水總是利於萬物，而且水最不善爭。水總是往下流，處在眾人最厭惡的地方，注入最卑微之處，站在卑下的地方去支持一切。水與天道一樣恩澤萬物，所以沒有形狀，在圓形的器皿中，它是圓形；放入方形的容器，就是方形。它可以是液體，也可以是氣體、固體。這正是水表現出來的「謙遜」精神，人們也應該效仿水的可方可圓、能容能大，只有低下頭來不斷學習，才可以使自己的內涵更飽滿。

心理學家邦雅曼・埃維特曾經指出，經常說「我知道」的人，頭腦遲鈍，容易受到約束，不善與別人交往。迅速和現成的回答，顯示的是一成不變的思想；敢於說「我不知道」，顯示的是富有想像力和創造性的精神。埃維特還說，如果我們承認對一些問題也需要思索或是承認自己無知，我們的生活方式就會獲得改善。這就是他竭力宣導的態度，以及人們可以從中得到的益處。

每個人都有自己無所知的領域，打腫臉充胖子，只會暴露自己的鄙陋。不如承認自己「不知道」，讓無知不斷激勵自己上進。

謙虛不僅可以使人們進步，還可以為人們贏得尊重和敬佩。在第二次世界大戰中，邱吉爾因為有卓越功勳，戰後他退位的時候，英國國會準備通過提案，塑造一座他的銅像，放在公園裡供遊客景仰。邱吉爾卻拒絕了，他說：「感謝你們的好意，我害怕鳥兒在我的銅像上拉糞，那是多麼的煞風景，所以我看還是免了吧！」

湯瑪斯・傑佛遜是美國第三任總統。一七八五年，他曾經擔任美國駐法國大使。一天，他去法國外交部長的住所拜訪。

「你代替富蘭克林先生？」法國外交部長問。

「是接替他，沒有人可以代替富蘭克林先生。」傑佛遜謙遜地回答。

傑佛遜的謙遜，給法國外交部長留下深刻印象。

「進化論」的創始人達爾文是一位很謙虛的科學家，他與別人談話的時候，總是耐心聽別人說話，無論對年長的科學家或是年輕的科學家，都表現得很謙虛，就像別人都是他的老師，他是一個好學的學生。一八七七年，他收到德國和荷蘭一些科學家送給他的生日賀詞，他在感謝信中寫下一段感人肺腑的話：「我很清楚，要是沒有為數眾多的可敬的觀察家們辛勤收集到的豐富材料，我的著作根本不可能完成，即使完成了，也不會在人們的心中留下任何印象，所以我認為榮譽主要應該歸於他們。」

因為謙虛而贏得美名的偉大人物，會給人們留下深刻的印象，人們將會銘記一生，並且作為教育下一代的範本。

經常保持謙虛的態度，所為的不是美名，也不是為得此美德而刻意為之，而是把謙虛作為充實自己的前提條件。因為謙虛而變得無比優秀的你，必定比驕傲自滿的你得到更多，心靈也會更充實和舒暢，這一點毋庸置疑。

永遠生活在新生活中

一九三七年，艾莉的丈夫死了，她覺得非常難過，而且幾乎一文不名。她寫信給自己以前的老闆李奧羅區先生，想要回去做以前的工作。她之前依靠推銷世界百科全書維生，兩年以前，她丈夫生病的時候，她把汽車賣掉了。於是，她勉強湊足錢，分期付款買了一部舊車，又開始出去賣書。

她原本想著，再回去工作或許可以幫自己解脫困境。可是要一個人開車，一個人吃飯，幾乎讓她無法忍受。有些區域簡直做不出任何成績，雖然分期付款買車的金額不大，卻很難付清。

一九三八年的春天，她來到密蘇里州的維沙里市，看見那裡的學校很窮，路況很差，很難找到客戶。她感到孤獨又沮喪，有一次甚至想要自殺。她覺得成功是不可能的，活著也沒有什麼希望。每天早上，她害怕起床面對生活，害怕付不出分期付款的車錢，害怕付不出房租，害怕沒有足夠的東西吃，害怕自己的健康情形變壞而沒有錢看醫生。讓她沒有自殺的唯一理由是，她擔心她的姐姐會因此而覺得很難過，而且她的姐姐沒有足夠的錢來支付自己的喪葬費用。

有一天，她讀到一篇文章，使她從消沉中振作起來，使她有勇氣繼續活下去。她永遠感激那篇文章中那句令人振奮的話：「對一個聰明人來說，太陽每天都是新的。」她用打字機把這句話打下來，貼在她的車子前面的擋風玻璃上。這樣一來，她開車的時候，每一分鐘都可以看見這句話。她發現，每次只活一天不困難，她學會忘記過去、不想未來，每天早上對自己說：「今天又是一個新的開始。」

她成功地克服對孤獨的恐懼和對金錢的恐懼。她現在很快樂，也還算成功，並且對生命抱持熱忱和愛。她現在知道，無論在生活中遇到什麼事情，都不要害怕；她現在知道，不必害怕未來；她現在知道，「對一個聰明人來說，太陽每天都是新的」。

從這個故事中，我們可以看出：只要我們每天給自己一點希望，讓自己看到最光明的一面，我們每天的生活都是嶄新的。

戰勝自己，是一個不斷超越的過程

每個人的心中，都沉睡著一個巨人，喚醒他以後，他可以幫助你完成自己的人生理想，成為偉大的人物。很遺憾，大多數的人還沒有喚醒心中的巨人就已經離開人世，這是一個巨大的悲哀。

什麼樣的人生，才算是喚醒自己心中的巨人？一定要實現歷史巨人那樣的豐功偉業，才算是不枉此生嗎？也不盡然。

其實，將自己心中的巨人喚醒，可能是一次巨大的意外事故的刺激作用，也可能是長期一點一滴地改變。**今天比昨天好，現在比過去好，這就是超越。**

帕菲諾夫，一九二六年五月出生在莫斯科郊區的一個村莊。很小的時候，他就開始半工半讀，一把二十四磅（約十公斤）的鐵錘成為他參加社會建設的主要工具。為此，鄉親們曾經親切地稱他為「大鐵錘」。

十七歲那年，帕菲諾夫參軍，經過短暫的訓練以後，他跟隨部隊投入對法西斯的反攻作戰中。在長達四個多月的激戰中，帕菲諾夫跟隨俄軍主要突擊兵團向法西斯匪徒勇猛進攻，頑強地突破德軍堅固設防的戰略防禦帶，粉碎德軍所謂的「東方壁壘」。

在慘烈的登陸爭奪戰中，德軍從西歐調來大量的黨衛軍和坦克兵團進行瘋狂反撲，帕菲諾夫和戰友們用反坦克槍和燃燒瓶先後擊毀數輛敵軍坦克。接著，他們又與進入陣地的納粹黨衛軍展開肉搏戰。在幾度易手的陣地上，身高一百八十四公分、擅長摔跤的帕菲諾夫將凶惡反撲的法西斯匪徒摔在爛泥裡，並且用衝鋒槍和鐵錘把他們送回「老家」，因此成為讓敵人望而生畏的「戰神」。

戰爭結束以後，二十五歲的帕菲諾夫戴著勝利的軍功勳章回到家鄉。在一個偶然的機會，他和摔跤運動結下不解之緣。一天，他與朋友路過莫斯科體育館，看見摔跤運動員們正在做體能訓練。他對朋友說，自己的體能成績與運動員相比並不差，朋友不相信，他就走進館內，把一百公斤重的槓鈴抓起來推舉了幾下。

這個舉動博得所有在場運動員的喝采，也引起一位教練員的注意。經過與帕菲諾夫的交談，教練員立刻表示願意收這位英雄為徒，讓他參加摔跤訓練。

剛開始，帕菲諾夫的成績不理想，但是他以軍人特有的毅力堅持訓練，假日也從來不中斷訓練。不僅如此，他還自費買票到處觀看摔跤比賽，吸取別人的成功經驗。一年之後，他就在全國性的比賽中奪得第三名。

隨著許多次比賽的成功，帕菲諾夫的技藝日臻完善，成為當時同類摔跤級別的領軍人物。一九五六年十一月，在第十六屆墨爾本奧運會上，他以當年「戰神」的氣概力挫群雄，一舉登上古典式摔跤項目重量級冠軍的寶座，人們稱這位具有軍人氣概的英雄是「開著坦克的摔跤王」。

帕菲諾夫早期從來沒有確立「要成為最棒的摔跤手」的目標，但是他每到一處，就盡自己的一份力量。做工人的時候，盡全力做好自己的工作；做戰士的時候，勇往直前、衝鋒殺敵；做運動員的時候，挑戰自己的極限與對手競技，他只在自己的舞台上超越過去，他就是一個喚醒心中巨人的強者！

中國有一句古話：「勝人者有力，自勝者強」，意思是：一個人只有戰勝自己、超越自己，才可以成為一個真正的強者。一個人如果無法超越自己，不僅不利於自己的發展，也很難在社會上立足，更不用說成為無可替代的人。

好高騖遠是年輕人的一個通病，很多人都想著自己要成為超人，但是很少有人像帕菲諾夫那樣，踏實地超越過去的自己。過去每天遲到，現在可以準時上學，就是一個超越；過去不敢在課堂上發言，現在可以在眾人面前侃侃而談，也是一種超越。從準時上學、勇於發言，逐漸變得有思想、有見地，再結交著名的人物、和優秀的人做朋友……成為一個政治明星的夢想，就可以一步一步地實現。

只要每天都有超越自己的地方，或是讓自己的優點更穩固，這樣的成長都是值得期待、充滿希望的。但是今天和昨天一樣，甚至不如昨天，這樣的生活就會令人厭倦、感到絕望。

超越自己，是為了更好地完善自己。**成長，因為自己的存在對別人有益而變得重要。**對於前進道路上的人來說，永遠沒有終點，明天永遠會比今天更值得期待。

控制情緒，笑遍世界

常言道：「小不忍則亂大謀。」這個「忍」，就是忍耐、克制的意思。做人必須首先自制，也就是懂得管理自己。一個人的言行受到許多方面的影響，如果自己無法管理自己，就會受制於人，失去自主的權利。

控制情緒是一種能力

晚年的海菲，已經是一位事業輝煌、建構自己強大的商業王國之人，回想自己走向「世界最偉大的推銷員」的歷程，他總是感慨地說：「對於任何一位想要成就事業的人來說，必須學會控制自己的情緒，成為自己的主人，才可以做到與別人和諧相處，而且笑對世界、笑對人生。」

怎樣才可以控制情緒，以使每天卓有成效？除非你心平氣和地面對一切，否則迎來的將是失敗的一天。花草樹木，隨著氣候的變化而生長，但是你只能為自己創造天氣，要學會用自己的心態彌補氣候的不足。如果你為顧客帶來風雨、冰霜、黑暗、憤怒，他們也會報之以風雨、冰霜、黑暗、憤怒，最終他們什麼也不會買。相反地，如果你為顧客獻上陽光、溫暖、光明、歡樂，他們也會報之以陽光、溫暖、光明、歡樂，你就可以獲得銷售上的成功，賺取無數的金幣。

情緒是人們對事物的一種最浮淺、最直接、最不用頭腦的情感反應。它往往只從維護情感主體的自尊和利益出發，不對事物進行複雜、深遠、智謀的考慮，這樣的結果，經常使自己處於不利的位置上，或是被別人利用。本來，情感已經距離智謀很遠了（人們經常以情害事、為情役使、情令智昏），情緒更是情感的最表面部分、最浮躁部分，以情緒做事，焉有理智？不理智，會有勝算嗎？

但是，我們在工作、學習、待人接物中，經常依從情緒的擺布，頭腦發熱（開始產生情緒），什麼蠢事都做得出來。例如：因為一句無甚利害的話，我們有可能與人打鬥，甚至拼命（詩人萊蒙托夫、普希金與人決鬥死亡，就是此類情緒所為）；又如：我們因為別人給我們的一些假仁假義，心腸頓軟，犯下嚴重的錯誤（西楚霸王項羽在鴻門宴上心軟，以致放走死敵劉邦，最終痛失天下，就是這種柔弱心腸的情緒所為）。還有很多因為情緒的浮躁、不理智而犯下的過錯，大則失國失天下，小則誤人誤己誤事。事後冷靜下來，自己也會感到可以不必那樣。這都是因為情緒的躁動和亢奮，矇蔽我們的心智。

戒掉煩惱的習慣

《聖經》有言：「不要為明天憂慮，因為明天自有明天的憂慮。一生的難處，一天就夠了。」在猶太人之中流傳一句名言：「會傷人的東西有三個：苦惱、爭吵、空的錢包。其中，苦惱擺在三者之前。」

憂鬱會傷人，從生理學的觀點來看，似乎理所當然。查爾斯‧梅耶醫生說：「煩惱會影響血液循環，以及神經系統。很少有人因為工作過度而累死，可是有人是因為煩惱而死。」

心理學家們認為，在我們的煩惱中，四〇％都是杞人憂天，那些事情根本不會發生。另外三〇％是既成的事實，煩惱也沒有用。另外二〇％，我們擔心的是事實上不存在的。此外，還有一〇％，我們擔心的是日常生活中的雞毛蒜皮的小事。也就是說，我們九〇％的煩惱都是自尋的。

蘇珊第一次去見她的心理醫生，她說：「醫生，我認為你無法幫助我，我是一個很糟糕的人，總是把工作搞得一塌糊塗，一定會被解雇。就在昨天，老闆跟我說要把我調職，他說是升職。要是我的工作表現確實很好，為什麼要把我調職？」

可是，在那些洩氣話背後，蘇珊說出自己的真實情況。原來，她在兩年以前拿到ＭＢＡ學位，有一份薪水優厚的工作。這怎麼可以算是一事無成？

針對蘇珊的情況，心理醫生要她以後把想到的話記下來，尤其是晚上失眠的時候想到的話。在他們第二次見面的時候，蘇珊寫下這樣的話：「其實，我不怎麼出色。我可以獲得這些成就，都是僥倖。」「明天一定會大禍臨頭，我從來沒有主持會議的經驗。」「今天早上，老闆滿臉怒氣，我做錯了什麼？」

她承認：「在一天裡，我寫下二十六個消極想法，難怪我經常覺得疲倦，意志消沉。」蘇珊把憂慮和煩惱的事情念出來，才發現自己為了一些假想的災禍浪費太多的精力。

現實生活中，有很多自尋煩惱和憂慮的人，對他們來說，憂慮和煩惱似乎變成一種習慣。有些人對名利過於苛求，無法得到的時候就會煩躁不安；有些人性情多疑，總是覺得別人在背後說他的壞話；有些人忌妒心很重，看到別人超越自己，就會感到難過；有些人把別人的問題攬到自己的身上，無異於引火焚身。

憂慮情緒的真正病源，應該從憂慮和煩惱者的內心尋找。終日憂慮和煩惱的人，實際上不是遭遇不幸，而是在自己的內心素質和對生活的認識上，存在片面性。一個聰明的人，即使在憂慮和煩惱的環境中，也可以自己尋找快樂。因此，受到憂慮和煩惱襲擾的時候，應該問自己為什麼會憂慮和煩惱，從主觀方面尋找原因，學會從心理上適應自己周圍的環境。

所以，在憂慮和煩惱毀掉你以前，先改掉憂慮和煩惱的習慣。

不要煩惱那些你無法改變的事情，你的精力可以用在更積極、更有建設性的事情上。如果你不喜歡自己現在的生活，不要坐在那裡煩惱，去做一些事情，設法改善它。多做一些事情，減少自己的煩惱，因為煩惱就像搖椅一樣，無論怎麼搖，最後還是留在原地。

保持樂觀精神

人生是一種選擇，人生是選擇的結果。不一樣的選擇，會有不一樣的結果。選擇心情愉快，得到的也是愉快；選擇心情不愉快，得到的也是不愉快。我們都喜歡快樂，不喜歡不快樂，既然這樣，為什麼不選擇愉快的心情？畢竟，我們無法控制所有事情，但是我們可以選擇自己的心情。

每個人的觀念不同，看待同一件事情而得到的反應也會不同。你覺得是一件快樂的事情，在別人看來卻有些傷感。每個人都有各自不同的快樂，每個人都有各自不同的憂愁。

吃葡萄的時候，悲觀者從大粒的開始吃，心中充滿失望，因為他吃的每一粒都比上一粒小。樂觀者從小粒的開始吃，心中充滿快樂，因為他吃的每一粒都比上一粒大。悲觀者決定學習樂觀者的吃法吃葡萄，但還是無法快樂，因為在他看來，自己吃到的都是最小的。樂觀者也想要改變自己的吃法，從大粒的開始吃，依舊感覺良好，在他看來，自己吃到的都是最大的。

悲觀者的角度與樂觀者的角度截然不同，悲觀者看到的都讓他失望，樂觀者看到的都讓他快樂。如果你是那個悲觀者，不需要換一種吃法，只要換一種看待事情的角度。

不要讓你的天賦被扼殺

每個人都會遇到展示自己才華的機會，所以要善加利用。有些才華橫溢的人會把自己微小的才華顯露出來，使它成為自己身上的發光點，他們的卓著才能顯露出來的時候，就會令人震驚。我們應該盡可能地把上天賜予的天賦展示出來，但是展示才華的時候要切合時宜，並且注意不要過於炫耀。

許多人過著平庸的生活，不是他們不努力，而是因為他們習慣給自己設定許多框架，束縛自己想像的空間和潛能。他們看似一天到晚在忙碌，實際上已經給自己套上「金箍罩」，將自身的才華完全隱藏起來，最終註定碌碌無為。這就像被關在瓶子裡的跳蚤一樣，時間長了，牠再也跳不出去了。

科學家曾經做過一個有趣的實驗：他們把跳蚤放在桌上，用力拍桌子，跳蚤立刻跳起來，跳躍高度在其身高的一百倍以上。然後，他們在跳蚤的頭上罩一個玻璃罩，再讓牠跳。第一次，跳蚤就碰到玻璃罩，連續幾次以後，跳蚤改變跳躍高度以適應環境，每次跳躍高度保持在罩頂以下。接下來，科學家逐漸降低玻璃罩的高度，跳蚤在碰壁以後，主動改變跳躍的高度。最後，玻璃罩接近桌面，此時跳蚤已經無法再跳了。科學家把玻璃罩打開，再拍桌子，跳蚤仍然不會跳，變成「爬蚤」。

跳蚤變成「爬蚤」，並非是牠失去跳躍的能力，而是由於不斷的受挫使牠學乖了、習慣了、麻木了。最可悲之處在於：實際上，玻璃罩已經不存在，牠卻沒有「再試一次」的念頭。玻璃罩已經罩在牠的潛意識裡，罩在牠的心靈上，牠行動的欲望和潛能被自己扼殺了，科學家把這種現象叫做「自我限制」。

因為自我限制而變得平庸，就像一隻悲哀的跳蚤把自己的才華盡數丟棄。事實上，每個人都有別人意想不到的潛能，也有展示自己的機會，可是有時候因為礙於面子，或是害羞，或是不思上進，最終將自己葬送在平庸的墳墓中。

這個世界上有兩種人：一種是有磁性的人，他們充滿信心，知道自己天生就是勝利者、成功者，並且善於展現自己的才華；另一種人是沒有磁性的人，他們的內心充滿畏懼和懷疑，機會來臨的時候，他們會說：「我可能會失敗，我可能會失去金錢，人們會恥笑我。」每個平凡的人都有成為英雄的潛能，不要讓這種潛能被催眠，要使自己的才華公之於眾，避免讓自己淪為世俗。

生活中，許多人是在閱讀一本激勵人心的書或是一篇感人至深的文章之時突然感到靈光一閃，驀地發現一個嶄新的自我。如果沒有這些書或文章，他們可能永遠對自身的真實能力懵懂無知。任何可以使得我們真正認識自己、喚醒我們的全部潛能的東西都是無價之寶。這些貨真價實的東西，幫助我們發現自己的天賦，督促我們變得審慎謙恭。它們提供的偶然一語，會讓我們的內心受到巨大的震撼。

文字可以鼓舞人心，生活就是另一種激發人們施展才華的推進器。我們經常會發現，自己遇到巨大難題或是偶然事件的時候，反而會表現得異常出色。正是有這種破釜沉舟的勇氣，我們身上的潛能才得以發揮。**平時的循規蹈矩，磨滅我們的創造力；安逸而平穩的生活，只會造就平凡的人。真正的天才，都是在困難的時候巧妙地運用自己的智慧脫困，然後讓世人為他們的卓越成就而感到驚訝。**

走出人生的冬季

同樣的事情，可以選擇不同的態度對待。選擇積極的方面，做出積極的努力，就可以看到前方美好的風景。

一九八五年，辛蒂還在大學念書。有一次，她到山上散步，帶回一些蚜蟲。她拿起殺蟲劑，為蚜蟲去除身上的有害物質，卻感覺到一陣痙攣，原本以為只是暫時性的症狀，不料她的後半生從此陷入不幸。

殺蟲劑內含有的某種化學物質使辛蒂的免疫系統遭到破壞，使她對香水和洗髮精以及日常生活中接觸的所有化學物質過敏，空氣也可能使她的支氣管發炎。這種「多重化學物質過敏症」，到目前為止仍然無藥可醫。

起初幾年，她一直流口水，尿液變成綠色，有毒的汗水刺激背部形成許多疤痕。她甚至不能睡在經過防火處理的床墊上，否則就會引發心悸和四肢抽搐。後來，她的丈夫用不鏽鋼和玻璃為她蓋了一個無毒房間，一個可以逃避所有威脅的「世外桃源」。辛蒂所有吃的、喝的東西，都要經過選擇與處理，她平時只能喝蒸餾水，食物中不能含有任何化學成分。

很多年過去了，辛蒂沒有看過一棵花草，聽不見悠揚的歌聲，無法感覺到陽光、流水、風。她躲在沒有任何飾物的房間裡，飽嘗孤獨之餘，甚至不能哭泣，因為她的眼淚跟汗液一樣，也是有毒的物質。

堅強的辛蒂沒有在痛苦中自暴自棄，她一直在為自己，同時也為所有化學汙染物的犧牲者爭取權益。一九八六年，她創立「環境接觸研究網」，以便為那些致力於此類病症研究的人士提供一個窗口。一九九四年，辛蒂又與另一個組織合作，創建「化學物質傷害資訊網」，保證人們免受威脅。二〇〇七年，這個資訊網已經有來自三十二個國家的五千多個會員，不僅發行刊物，並且得到美國、歐盟、聯合國的大力支持。

她說：「在這個寂靜的世界裡，我感到很充實。因為我不能流淚，所以我選擇微笑。」

選擇微笑地面對生活的時候，就可以走出人生的冬季。

汽車輪胎為什麼可以在路上跑那麼久，承受那麼多的顛簸？起初，製造輪胎的人想要製造一種輪胎，可以抵抗路上的顛簸，結果輪胎不久就被切成碎條。他們又做出一種輪胎，吸收路上產生的各種壓力，這樣的輪胎可以「接受一切」。

在曲折的人生旅途上，如果我們可以承受所有的挫折和顛簸，可以化解與消釋所有的困難與不幸，擁有良好的情緒，微笑面對生活中的一切，我們就可以活得更長久，我們的人生之旅就會更順暢、更開闊。

第五章

接受現實，是成熟的開始

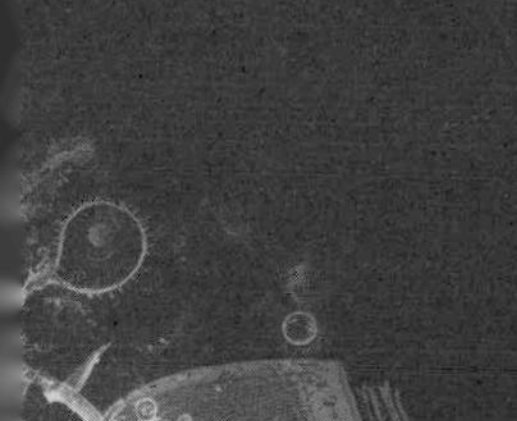

如果原則正確，失敗了又何妨

愛默生說：「偉大人物最明顯的象徵就是堅定的意志，不管環境變化到何種地步，他的初衷與希望仍然不會有絲毫的改變，終至克服障礙，達到企望的目的。」所以，如果你根據正確的原則卻無法完成事情的時候，不要厭惡，不要沮喪，只要在失敗的時候再從頭做起，只要做的事情符合人類的本性就足夠了。

一九三四年，希特勒統率軍隊的時候，邱吉爾喊出戰爭的危機，英國的政客們一笑置之。德軍侵入奧地利的時候，英國首相張伯倫與希特勒簽署以犧牲捷克斯洛伐克換取歐洲和平的「慕尼黑協定」，得意揚揚地向英國人民宣布：戰爭不會發生了！但是邱吉爾卻提出警告：戰爭快要來臨了！政客們對他怒目斥之，邱吉爾因此競選失敗。他堅持己見，又引起公憤，以至於被報紙指責為「缺乏謹慎和判斷力」。

邱吉爾的遠見卓識竟然被一些因循守舊、苟且偷生的人當作一文不值的垃圾。這種失敗的境遇，會使一個人垂頭喪氣或是抱怨不已，可是邱吉爾卻像得勝回朝，依然銜著雪茄悠然自得，甚至回到家鄉的別墅度假，興致勃勃地畫畫、看書、寫作。第二次世界大戰爆發了，人們才想起邱吉爾這個不受歡迎的人。因為他是唯一可以在和平時刻洞察戰爭危機的人，只是他的預言和警告被世人領悟得太晚了。

在失敗面前，邱吉爾鎮定自若，視如平常。理性的思考讓他不在遵守理性方面失敗，他行事的方向沒有錯，就算錯過作戰的最佳時機，至少他在理性那裡得到安寧。

「蘋果」品牌的創始人賈伯斯在他二十一歲的愚人節那天，和朋友在家中的倉庫裡簽署一份合約，決定成立自己的電腦公司。由於賈伯斯偏愛蘋果，他就給電腦取了一個名字——蘋果。他們的自製電腦「蘋果一號」在電腦圈子裡的影響很大，但是人們還在觀望，希望有更輕巧的二號、三號出現。果然，賈伯斯和朋友們癡迷著將電腦做得更方便，加上剛好有著名的推銷大師的資助和推銷，「蘋果」的第一仗打得很漂亮。

一九八五年，賈伯斯獲得由雷根總統授予的國家級技術勳章。也許成功來得太快，榮譽背後的危機得以隱藏。賈伯斯的經營理念在當時是一個異類，加上電腦行業的龍頭ＩＢＭ公司也開始推出個人電腦，蘋果公司開始節節慘敗，賈伯斯成為這個失敗的「替罪羔羊」。董事會決議撤銷他的經營權，他幾次想要奪回權力均未成功，只能憤然地離開。

沒有賈伯斯，「蘋果」的形勢未見起色。賈伯斯很快就開始自己的另一次創業，他創辦「ＮｅＸ

T」電腦公司。

由於「蘋果」堅持自己的封閉性，使用蘋果電腦的人必須使用與它相配套的程式，這種「捆綁式」的銷售讓很多喜歡蘋果電腦的人望而卻步，因為使用者必須適應電腦，而不是電腦適應使用者。

十二年之後的聖誕節前夕，全球各大電腦報刊的頭版頭條上出現一則新聞：「蘋果收購NeXT，賈伯斯重回蘋果。」重歸的賈伯斯，因為他的公司（即現在的皮克斯）成功製作第一部電腦動畫片《玩具總動員》而名聲大振。蘋果公司上下都將賈伯斯視為救星，賈伯斯的境遇也和當年離開的時候完全不一樣。十二年的離開，用最後的回歸作為結局，賈伯斯沒有驚天動地的豪言壯語，但是他的行動證明自己是正確的，自己有能力對蘋果公司負責。

真正的巨人不是從未倒下，而是可以在每次倒下之後迅速、堅定地站起來，這才是真正的勇氣。

生活中，從來不失敗的人根本不存在。有時候，失敗也是檢驗一個人品格的機會，因為有些人因此一飛沖天，有些人從此一蹶不振，這其中的差別就是勇氣。既然是在正確原則的指引下做成的事情，即使要面對失敗和挫折，我們也可以淡定自若，繼續自己的征程。

珍惜你擁有的唯一——此刻

經常會有這樣的時候：我們深陷在對昨天傷心往事的懊悔中，期待明天會有不一樣的豔陽高照，卻唯獨忽視今天的存在。「將來我要做政府高官，改變大多數人的生活」，「將來的發明一定可以解決現在爭論不休的問題」，「將來我會成為世界上最富有的人」……對年輕人來說，過去不怎麼值得回味，展望未來，信口開河又不必負責，成為他們平常的一件樂事。但是事實上，我們除了現在、此刻，一無所有。你以為明天還會和今天一樣，但是頻繁的自然災害卻提醒我們：明天不一定會到來。

一八七一年春天，一個蒙特婁綜合醫院的醫學院學生偶然拿起一本書，看到書上的一句話，就是這句話，改變這個年輕人的一生。它使這個原本只知道擔心自己的期末考試成績、自己將來的生活何去何從的醫學院學生，最後成為他那個時代最有名的醫學家。他創建舉世聞名的約翰・霍普金斯學院，被聘為牛津大學醫學院的欽定講座教授，並且被英國國王冊封為爵士。他死後，他的一生用厚達一千四百六十六頁的兩大卷書才可以記述完。

他就是威廉・奧斯勒爵士，以下就是他在一八七一年看到的由湯瑪斯・卡萊爾寫的那句話：「人們的一生，最重要的不是期望模糊的未來，而是重視手邊清楚的現在。」

四十二年之後，在一個鬱金香盛開的溫暖的春夜，威廉・奧斯勒爵士在耶魯大學進行一場演講。他告訴那些大學生，在別人眼裡，曾經當過四年大學教授、寫過一本暢銷書的他，擁有的應該是「一個特殊的頭腦」，可是他的好朋友們都知道，他其實也是一個普通人，他取得的一切，只是因為他重視今天。

時間無法像金錢一樣讓我們隨意儲存，以備不時之需。我們可以使用的，只有被給予的那個瞬間——此刻。所謂「今日」，正是「昨日」計畫中的「明日」；這個寶貴的「今日」，不久將會消失在遙遠的彼方。對於每個人來說，得以生存的只有此刻——過去已經逝去，未來尚未來臨。**昨天，是一張作廢的支票；明天，是尚未兌現的期票；只有今天，才是現金，具有流通的價值。**所以，不要惦記明天的事情，不要懊悔和抱怨昨天發生的不順心的事情，把你的精神集中在今天。對於遠方將要發生的事情，我們無能為力。杞人憂天，對於事情毫無幫助。所以記住：你現在就是生活在此處此地，而不是遙遠的地方。

一位哲學家在古羅馬的廢墟裡發現一座神像。由於從來沒有見過這樣的神像，哲學家好奇地問它：「你是什麼神，為什麼有兩張臉孔？」

神像回答：「我的名字叫雙面神。我可以一面回視過去、吸取教訓，一面仰望未來、充滿希望。」

哲學家又問：「現在呢？最有意義的現在，你注視了嗎？」

「現在！」神像一愣，「我只顧著過去和未來，哪裡還有時間管現在。」

哲學家說：「過去的已經逝去了，未來的還沒有來到，我們唯一可以把握的就是現在。如果無視於現在，即使你對過去和未來瞭若指掌，又有什麼意義？」

神像一聽，恍然大悟，立刻失聲痛哭：「你說的沒錯，就是因為抓不住現在，所以古羅馬城才會成為歷史，我自己也被人丟在廢墟裡。」

《聖經》中有一句話：「不要煩惱明天的事情，因為你還有今天的事情要煩惱。」這是一句隱含智慧的話，卻不是容易做到的事情。

何必為明天的事情憂慮？把所有淚水留給昨天，把所有煩惱拋向未來，專心地過好今天，活出生命的色彩，晚上安然入眠的時候，就是給今天最好的掌聲和禮讚。

有怨氣，不如有志氣

美國人經常開玩笑，是一位布朗小姐的厚此薄彼，才會刺激「造就」一位美國總統。

在讀高中畢業班時期，查理・羅斯是最受老師寵愛的學生。他的英文老師布朗小姐，年輕漂亮，富有吸引力，是校園裡最受學生歡迎的老師。同學們都知道查理深得布朗小姐的青睞，他們在背後笑他，查理將來如果沒有成為一個人物，布朗小姐是不會原諒他的。

在畢業典禮上，查理上台領取畢業證書的時候，受人愛戴的布朗小姐站起來，當眾吻了查理一下，向他表達出人意料的祝賀。

當時，人們原本以為會發生哄笑和騷動，結果卻是一片靜默和沮喪。許多畢業生，尤其是男孩們，對布朗小姐這樣不怕難為情地公開表示自己的偏愛感到憤恨。查理作為學生代表在畢業典禮上致辭，也曾經擔任學生年刊的主編，更曾經是「老師的寶貝」，但是這就可以使他獲得如此之高的榮耀嗎？典禮過後，幾個男孩包圍布朗小姐，為首的一個質問她為什麼如此明顯地冷落其他學生。

布朗小姐微笑著說，查理是依靠自己的努力贏得她特別的賞識，如果其他人有出色的表現，她也會吻他們。

這番話使其他男孩得到一些安慰，卻使查理感到更大的壓力。他已經引起別人的忌妒，並且成為少數學生攻擊的目標。他決定畢業以後，一定要用自己的行動證明自己值得布朗小姐報之一吻。畢業之後的幾年內，他異常勤奮，先進入報界，後來終於有所作為，被杜魯門總統親自任命為白宮負責出版事務的首席秘書。

查理被挑選擔任這個職務並非偶然。原來，在畢業典禮以後帶領男孩們包圍布朗小姐，並且告訴她自己感覺受到冷落的那個男孩，正是杜魯門。布朗小姐也對他說過：「去做一番事業，你也會得到我的吻。」

查理就職以後的第一個任務，就是接通布朗小姐的電話，向她轉述美國總統的問話：你還記得我未曾獲得的那個吻嗎？我現在做的可以得到你的評價嗎？

如果杜魯門因為布朗小姐的冷落而一蹶不振，終日抱怨，美國人將會失去一位優秀的總統，杜魯門就會與精彩的人生擦肩而過。

遭到冷落的時候，不必沮喪，不必憤恨，樹立更偉大的理想，並且堅定地維護。**只有全力贏得成功，才是對曾經的屈辱最好的答覆和反擊。**

不能因為月缺，就抱怨月亮不圓；不能因為日食，就指責太陽不可靠。任何人都會遇到喜與憂，任何時候都有好與壞，所以不要抱怨生活的不公平。對於一個真正堅韌的人來說，冷落是一把打向坯料的鐵錘，打掉的是脆弱的鐵屑，鍛成的是鋒利的鋼刀。每次錘打都是痛苦的，但是經歷的錘打越多，這把鋼刀就會越鋒利。最終，你可以用這把由自己鍛造的鋼刀，開闢自己的戰場。

上天賦予我們生命的同時，在其中附加許多苦難。如果你期望自己可以有一個不平凡的人生，就不要抱怨「冷落」與「困難」的到來，因為那些逆境中的折磨，正是你成就非凡人生的墊腳石，是上天賜予你的最好的禮物。

每天晚上反省自己的行為

反省是認識自己的一種方法，不僅在失敗的時候要反省，就是在平常也要隨時反省。

反省讓你保持清醒

如果你讀過《聖經》就會知道，上帝要求人們學會反省。

《聖經》中有一個故事：對耶穌懷有敵意的法利賽人，有一天，將一個犯有姦淫罪的女人帶到耶穌面前，故意為難耶穌，看他如何處置這件事情。如果依照教規處以她死刑，耶穌就會因為殘酷之名被人攻訐，反之，就是違反摩西的戒律。耶穌看著那個女人，然後對眾人說：「你們之中誰是無罪的，就可以拿石頭打她。」

喧鬧的群眾頓時鴉雀無聲。耶穌回頭對那個女人說：「我不定你的罪，去吧！以後不要再犯罪了。」

這個故事告訴我們：要責罰別人的時候，先反省自己可曾犯錯。**蘇格拉底說：「沒有經過反省的生命，不值得活下去。」**有迷才有悟，過去的「迷」，正好是今日「悟」的契機。經常反省，檢視自己，可以避免偏離正道。

日本近代有兩位一流的劍客：一位是宮本武藏，另一位是柳生又壽郎，宮本武藏是柳生又壽郎的師父。

柳生又壽郎拜師學藝的時候，問宮本武藏：「師父，根據我的資質，要練多久才可以成為一流的劍客？」

宮本武藏回答：「最少也要十年！」

柳生又壽郎說：「哇！十年太久了，假如我加倍努力地苦練，多久可以成為一流的劍客？」

宮本武藏回答：「那就要二十年了。」

柳生又壽郎一臉狐疑，又問：「如果我晚上不睡覺，夜以繼日地苦練，多久可以成為一流的劍客？」

宮本武藏回答：「你晚上不睡覺練劍，必死無疑，不可能成為一流的劍客。」

柳生又壽郎不以為然地說：「師父，這太矛盾了，為什麼我越努力練劍，成為一流劍客的時間反而越長？」

宮本武藏回答：「想要成為一流的劍客的先決條件，就是必須永遠留一隻眼睛注視自己，不斷地反省。現在，你的兩隻眼睛都看著一流劍客的招牌，哪裡還有眼睛注視自己？」

柳生又壽郎聽了以後，滿頭大汗，當場開悟，終成一代名劍客。

想要成為一流的劍客，只是苦練劍術沒有用，必須永遠留一隻眼睛注視自己，不斷地反省；想要成為一流的推銷員，只是學習推銷技巧沒有用，必須永遠留一隻眼睛注視自己，不斷地反省。

想要認識自己，必須依靠自己與別人，自己就是前述的自我剖析，別人就是他人的批評。由於自我剖析往往不夠客觀與深入，因此必須依賴別人的批評。

有人向哈佛大學的魯恩教授抱怨：「我每天都在拼命地工作、工作，一刻也沒有閒過，可是如此努力為什麼卻總是無法成功？」

正如成功大多是內在因素產生作用一樣，失敗也大多是自己的缺點引起的。一個人必須去除抱怨，不斷反省和總結自己，改正自己的錯誤，才不會被同一顆石頭絆倒。只有透過「反省」，隨時檢討自己，才可以走出失敗的陷阱，走向成功的彼岸。

所謂「反省」，就是省察自己，檢討自己的言行，看看自己犯了哪些錯誤，有沒有需要改進的地方。

我們為什麼要自省？有兩個方面的原因：一方面是主觀原因。我們不可能十全十美，會有個性上的缺陷、智慧上的不足，年輕人更缺乏社會歷練，因此經常會說錯話、做錯事。另一方面是客觀原因。現實生活中，很多人只說好話，看到你做錯事、說錯話故意不說，這就需要你自己透過反省來瞭解自己的行為。

每天自省五分鐘

一般來說，自省心強的人非常瞭解自己的優劣，因為他們隨時都在仔細檢視自己。這種檢視也叫做「自我觀照」，其實質就是跳出自己的身體之外，從外面重新審察自己的行為是否最佳的選擇。這樣做可以真切地瞭解自己，但是審視自己的時候必須坦率無私。

可以隨時審視自己的人，一般很少犯錯，因為他們會隨時考慮：我有多少力量？我可以做多少事情？我應該做什麼？我的缺點在哪裡？為什麼失敗或是成功？這樣做可以輕而易舉地找出自己的優點和缺點，為以後的行動打下基礎。

主動培養自省意識也是一種能力，我們必須培養自省意識。

首先，必須拋棄「只知責人，不知責己」的缺點。面對問題的時候，人們總是說：「這不是我的錯。」

「我不是故意的。」

「沒有人不讓我這樣做。」

「這不是我做的。」

「本來不會這樣的，都怪……」

這些話是什麼意思？

「這不是我的錯」是一種全盤否認，否認是人們在逃避責任的時候的常用手段。人們乞求寬恕的時候，這種精心編造的藉口經常會脫口而出。

「我不是故意的」是一種請求寬恕的說法，透過表示自己並無惡意而推卸部分責任。

「沒有人不讓我這樣做」表示此人想要藉由裝傻蒙混過關。

「這不是我做的」是最直接的否認。

「本來不會這樣的，都怪……」是憑藉擴大責任範圍，推卸自身責任。

找藉口逃避責任的人，往往都可以僥倖逃脫。他們因為逃避或是拖延自身錯誤的社會後果而自鳴得意，從來不會反省自己在錯誤的形成中產生什麼作用。

為了免受譴責，有些人甚至會選擇欺騙手段，尤其是他們是明知故犯的時候。這就是「罪與罰兩面性理論」的中心內容，這個論斷又揭示這個理論的另一方面。明知故犯一個錯誤的時候，除了編造一個敷衍別人的藉口之外，有時候會給自己找出另一個理由。

其次，必須養成自我反省的習慣。我們每天早晨起床以後，一直到晚上睡覺以前，不知道要照多少次鏡子；照鏡子，就是一種自我檢查，只是一種對外表的自我檢查。相比之下，對內在的思想進行自我檢查，比對外表的自我檢查更重要。可是，我們可以問問自己：每天可以做多少次這樣的自我檢查？我們不妨設想一下，如果某一天我們沒有照鏡子，那會是一種什麼結果？也許，臉上的汙點沒有洗掉；也許，衣服的扣子有問題……可是，我們如果不對內在的思想進行自我檢查，我們可能不知道自己出言不遜，不知道自己舉止不雅，不知道自己心術不正……

那是多麼的可怕！我們可以養成一個習慣——晚上躺在床上的時候，想想自己今天的行為有什麼不妥當的地方。出現問題的時候，先從自己這個角度進行檢查，而且還要對自己進行深層的自我反省。

最後，必須有自知之明。最有可能完全瞭解一個人的是他自己而不是別人。但是，正確地認識自己，不是一件簡單的事情。否則，古人怎麼會有「人貴有自知之明」、「好說己長便是短，自知己短便是長」之類的古訓？自知之明，不僅是一種高尚的品格，而且是一種高深的智慧。因此，即使可以做到嚴於責己，即使可以養成自省的習慣，不表示可以把自己看得清楚。很多人經常處於一種既自大又自卑的矛盾狀態：一方面，自我感覺良好，看不到自己的缺點；另一方面，在應該展現自己的時候畏縮不前。對自己的評價如此困難，如果要反省自己的某個觀念、某種理論，那就更難了。

沉默比抱怨更有建設性

對於那些喜歡抱怨的人來說，沉默是一件痛苦的事情。但是，沉默可以把他們從抱怨情緒中解救出來。

所以，在思想上給自己一個篩檢程序，想要抱怨的時候，讓自己沉默幾分鐘，讓自己的話語先經過抱怨的篩檢程序。沉默可以讓你自省反思、謹慎措辭，讓你說出自己希望可以傳送創造性能量的言論，而不是任由不安驅使你發出又臭又長的抱怨。

法國有一句諺語：「雄辯如銀，沉默是金。」在現實生活中，有時候沉默確實勝於雄辯，更勝過那些毫無價值的抱怨話語。在這一點上，美國總統羅斯福可謂眾人的表率。

日本海軍偷襲珍珠港以後，儘管美軍損失慘重，太平洋艦隊幾乎全軍覆沒，但是在一些美國議員之中，還有為數不少的議員反對美國向日本宣戰。

當時，羅斯福已經將局勢分析得十分明朗，如果不趁日軍立足未穩的時候發動戰爭，等到日軍發展起來，戰爭會變得更艱鉅。同時，他瞭解那些抱持反對態度的人的想法。第一次世界大戰中，美國在最後階段才參戰，戰爭沒有在自己的領土上進行，但是最後美國因為第一次世界大戰而大發其財。所以，現在美國如果參戰，國內經濟必定會受到影響，而且戰爭的勝負很難預料。如果戰事對美國不利，到時候如何收場？

羅斯福知道這些人的憂慮，但是他以政治家的眼光看出這些憂慮是毫無必要的，所以他決定：美國必須參戰。但是議員們觀點的分歧令他苦惱，有時候他的心中會生出幾分厭煩的情緒，忍不住想要抱怨。

在一次會議上，眾人因為參戰還是不參戰而爭論不休的時候，羅斯福突然要站起來，因為他雙腿殘障，所以平常總是以車代步。他掙扎著要從車上站起來的時候，兩名白宮的侍從慌忙上前想要幫助他，讓人意想不到的是，羅斯福憤怒地將他們推開。

於是，在眾人驚訝的目光中，羅斯福搖搖晃晃地掙扎，從椅子上緩慢地站起來。然後，他滿臉痛苦卻倔強地堅持站著，默默地看著周圍的人，一言不發。

所有在電視機前面看到這個畫面的美國民眾都被感動了。有什麼困難是不能克服的？

於是，在全國民眾意願的推動下，國會很快做出決議：對日本宣戰。

羅斯福說服那些原本反對參戰的人，他沒有採取強硬的態度，也沒有苦口婆心地進行規勸。他沒有抱怨，也沒有妥協，而是以一位領導人的姿態，成功地將局勢引導到他希望的方向。這不正是沉默的力量嗎？

所以，沉默比抱怨更有建設性。抱怨是一種習慣，如果不想把抱怨的話說出口，請你沉默，讓自己暫停一下，調整呼吸，就可以給自己一個機會，說話的時候更謹慎地選擇詞語，更謹慎地斟酌自己要表達的觀點是否適合。

說話之前，不如深呼吸，而不要抱怨。

勇於突破「我不能」的自我限制

「那隻狼始終跟在他後面，不斷地咳嗽和哮喘。他的膝蓋已經和他的腳一樣鮮血淋漓，儘管他撕下身上的襯衫來包覆膝蓋，他背後的苔蘚和岩石上仍然留下一路血漬。有一次，他回頭看見病狼餓得發慌地舔著他的血漬，他清楚地看出自己可能遭遇的結局。除非，除非他殺掉這隻狼。於是，一幕從來沒有演出過的殘酷的求生悲劇開始了：病人一路爬著，病狼一路跛行著，兩個生靈就這樣在荒原裡拖著垂死的軀殼，相互獵取對方的生命……」

依靠頑強的求生欲望，那個被同伴拋棄在荒野中的垂死的人最終用牙齒把狼咬死，喝下狼血，活了下來。

這是美國作家傑克・倫敦的著作《熱愛生命》中，一段關於人與狼搏鬥的精彩片段。在他的另一本小說《野性的呼喚》中，養尊處優的狗巴克被人賣到寒冷的西北礦區，也爆發出牠野性、堅強的另一種潛能，成為最凶殘的雪橇犬的首領。**生命的力量在巨大的壓力下，可以爆發出我們永遠想不到的潛能。**

在不瞭解自己的情況下，人們經常會對自己產生懷疑，覺得自己無法突破自身的限制，無法發揮應有的作用。對於未知的環境，我們總是習慣於懷疑自己，總是覺得自己不行。就是在這樣自我懷疑中，我們消磨勇於突破的意志，阻礙自己爆發潛能的機會。其實，人們在一般情況下，只會發揮自己能力的十分之一，受到嚴重的挫傷和刺激之後，才會將大部分或是全部隱藏的能力爆發出來。

有一位哲人說：「任何的限制，都是從自己的內心開始的。」自己不再相信自己，將自己的勇氣和信心鎖進心門的時候，我們再也無法完成心中積極向上的誓言。所以，想要人生按照自己的方向行走，想要生命中所有的潛能爆發出來，就要敢於突破心中的枷鎖、突破自我。

一天，一個喜歡冒險的男孩爬到父親養雞場附近的一座山上，發現一個鷹巢。他從巢裡拿了一顆鷹蛋，帶回養雞場，把鷹蛋和雞蛋混在一起，讓一隻母雞孵。孵出來的雞群裡有了一隻小鷹，小鷹和小雞一起長大，因此牠不知道自己除了是小雞以外，還會是什麼。起初牠很滿足，過著和雞一樣的生活。但是，牠逐漸長大的時候，牠的心裡有一種奇特的感覺。牠經常想：「我不只是一隻雞！」但是牠一直沒有採取行動。

直到有一天，一隻老鷹在養雞場的上空翱翔，小鷹感覺到自己的雙翼有一股奇特的力量，感覺胸膛裡的心猛烈地跳著。牠抬頭看著老鷹的時候，油然而生一種想法：「養雞場不是我待的地方，我要飛上青天，棲息在山岩之上。」

牠從來沒有飛過，但是牠的心裡有飛翔的力量和天性。牠展開雙翅，飛到一座矮山頂上，極為興奮之下，牠再飛到更高的山頂上，最後衝上青天，到達高山的頂峰，牠發現偉大的自己。

也許有人會說：「那是一個很好的寓言，我只是一個平凡的人。因此，我從來沒有期望自己可以做出什麼偉大的事情。」或許這正是問題所在——你從來沒有期望自己可以做出什麼偉大的事情。這是事實，我們只把自己限制在自我期望的範圍以內，我們壓制自己的潛能，但是我們確實具有比表現出來的東西更多的才華、更多的能力、更有效的機能。

五百年以前，你如果跟別人說，坐上一個銀灰色的東西就可以飛上天，拿出一個黑色的盒子就可以跟遠在千里之外的朋友說話，打開一個「方形的櫃子」就可以看到世界各地發生的事情……他們也同樣會告訴你「不可能」，可是事實上，如今都已經變成現實。

不要說「我不行」！任何事情在沒有做之前，誰也不知道自己行不行。況且我們從嘗試的利弊來考慮，嘗試失敗了，最多說明這條路確實行不通；如果嘗試成功了，豈不是讓我們證明自己可以做到？

如果別人可以靜下心來飽讀詩書，你也可以；如果別人可以和同學相處愉快、和父母相互理解，你也可以；如果別人可以站在眾多的老師和同學面前說出自己的想法，你也可以。

萬事起頭難，突破「我不能」最大的障礙，就是第一次挑戰自己的極限。但是，如果你有這個好的開始，就會相信自己有能力做好身邊的每件事情，你的人生之路會越走越好。

任何成功者都不是天生的，對自己的實力抱持肯定的想法，就可以發揮巨大的潛能，並且因此產生有效的行動，直至引導你走向成功。

夢想就在實現的道路上

成功的人之所以可以成功，是因為他們始終堅信成功就在人生道路的另一端，慢慢朝著自己走來。**愛因斯坦曾經這樣說：「我知道它已經在路上。」「想像力就是一切，它是生命將會發生之事的預覽。」**看不到夢想成為現實美好的畫面的人，無法感受到來自宇宙的力量和恩賜。

一個人成功的因素有很多，居於這些因素之首的就是「相信自己」，相信自己已經得到。只有堅定這個信念的人，才可以對夢想發出巨大的召喚，讓整個宇宙感受到你對它的要求。

二十世紀最偉大的成功學大師戴爾・卡內基在美國的多次演講中都曾經提及這一點，並且把他說的話應用在自己的生活中。卡內基之所以可以成功，也是歸功於他熱忱的力量和對夢想的堅定。聽過卡內基演講的人，經常說他不是一個很好的演說家，他也不會用「演說專家」的辭藻。但是，他散發出來的力量會吸引所有的聽眾，使聽眾從頭到尾全神貫注地聆聽他的演講，感受到他強大的動力。

用心去感受夢想到來的那個瞬間，你就可以真正踏上夢想之旅。科學界一直存在一個對於平行空間的探討，有些事物雖然我們無法用肉眼看到，但是它們很有可能與我們同時共存在這個茫茫的宇宙中，這當中的事物甚至有可能是另一個自己，也有可能是你的夢想。**根據吸引力的法則，你的思想和感覺只要可以發出讓整個宇宙可以感知的頻率，你提出的要求就會被一股強大的力量推到你的面前成為現實。**從平行空間的角度來看，你夢想要求的東西可能就存在於你身邊不遠處的另一個空間裡，但是由於你所處的空間和另一個空間的頻率不同，所以你看不到它的存在。你全心全意地去感受、認為它正在或是已經到來的時候，你的體內就會發出與另一個空間相同的頻率，你就可以看見自己的夢想，並且接收它。

一九三三年，他出生在美國芝加哥的黑人貧民窟。第二次世界大戰期間，芝加哥經濟蕭條，黑幫林立，街上每天都有鬥毆和搶劫事件發生。他厭惡這一切，經常對著天空中往返穿梭的飛機發呆。他想要知道，這些飛機飛向何處，外面有更美好的世界嗎？

他問父親：「我為什麼不能飛？」父親說：「你沒有翅膀。」他很沮喪，父親又說：「孩子，只要有夢想，你也可以飛。」

所有的改變緣於一架鋼琴。一天，他和同伴闖進一家軍械庫。鬼使神差般的他走進一間小屋，黑暗中一架直立式鋼琴將他的視線吸引過去。他走過去，緩慢地坐下，手指輕輕觸摸那些琴鍵。那一刻，他熱血沸騰，「我的心從此尋找到一生的方向，那就是音樂。」那年，他十歲，他的夢想是成為歌手。

第二次世界大戰以後，他跟隨父親搬到西雅圖市，開始自己的音樂之旅。由於小喇叭吹得非常出色，他逐步贏得和爵士樂高手同台演出的機會，繼而又實現另一個突破——全美國巡迴演出。那年，他二十歲，他的夢想是唱響歐洲和美洲。

美國無法滿足他的雄心壯志之時，他繼續「遷徙」，來到世界藝術之都——巴黎。除了演出，他把主要精力放在學習上，作曲和配樂都讓他興趣盎然。那年，他三十歲，他的夢想是成為全能的音樂家。

再次回到美國，他開始進軍好萊塢，並且迅速成為好萊塢明星們爭搶的配樂大師，先後八次獲得奧斯卡最佳配樂獎提名。四十歲那年，他的夢想是成為全球最炙手可熱的音樂大師。

或許是過多地透支健康，四十一歲那年，他罹患動脈瘤。醫生建議他做開顱手術，手術成功率很低，但是要活下來，就必須冒險。所幸，他挺過了這一關；不幸的是，由於手術以後顱骨鑲嵌鋼夾，他再也不能登台演奏。人們都以為，他會一蹶不振，但是他沒有，反而滿懷熱情地投入一項新的工作中。他為一個黑人男孩製作專輯，結果唱片暢銷全球，成為歷史上銷量最多的唱片，那個男孩就是後來的天王巨星麥可・傑克森。他邀請史蒂芬・史匹柏執導電影《紫色姐妹花》，大膽起用一位毫不知名的黑人女演員。這個女孩叫歐普拉・溫芙蕾，後來成為全球最具影響力的主持人。五十歲那年，他的夢想是幫助別人實現夢想。

此後，他在演藝圈的影響力無人能比。他曾經聚集全球百名當紅歌星，演繹歌曲《We Are the World》。這首歌，被稱為二十世紀最有意義的歌曲，總共籌得五億美元善款，全部用於非洲賑災基金。

從這首歌開始，他堅持身體力行，把大多數時間放在慈善事業上。六十歲的時候，他的夢想是慈善。

二〇〇八年，他與季羨林、李安等各界人士被聘為北京奧運會開幕儀式藝術顧問，先後多次來到北京。奧運會結束以後，記者問他：「北京奧運會哪一點讓你印象最深刻？」他脫口而出：「同一個世界，同一個夢想。」這也代表他現在的夢想。此時，他已經年過七十。

他叫昆西．瓊斯，被譽為西方現代音樂的教父。有人問他：「你已經功成名就，為何從來不停下腳步？」他回答：「因為我的夢想永遠在路上。」

作為一個出生於貧民窟的黑人孩子，昆西．瓊斯從卑微貧寒到地位顯赫，將原本不可能的事情變成可能。他在極度偶然的情況下，找到自己音樂的夢想，並且朝著自己的夢想邁進。只要他每次抵達自己的目的地，眼前的道路就會順著他的眼神望向前方。從成為歌手，到唱響歐洲和美洲，到成為全能的音樂家，到成為全球最炙手可熱的音樂大師，到幫助別人實現夢想，到慈善……他永不停息，永不止步，他說他的夢想永遠在路上。

沒有夢想的人，永遠不會感受到成功的喜悅；有夢想但是心智不堅定的人，即使有對成功的極度渴求，也很少可以成功。**只有可以看到夢想在康莊大道上向自己邁進的人，才可以到達成功的頂點。**

在別人的嘲笑中，向目標邁進

在我們的生活中，嘲笑無時無刻不在窺視我們。嘲笑就像一把無形的劍，殺人於無形之中；嘲笑也像一支逼人的槍，讓我們在難堪中成名。

一隻飢餓的鴨子在黑夜中的湖面上覓食，牠突然看見水中月光的倒影，以為是一條閃著銀光的魚。結果，牠的舉動遭到幾個同伴的嘲笑，使得牠極為難堪，再也不敢潛水覓食。

從此，鴨子的身體越來越虛弱，最後死在滿是魚兒的湖裡。嘲笑對於鴨子來說是一把致命的劍，最終落得喪命的下場。

反觀我們身邊，也有一些像這隻鴨子一般的人，恐懼失敗，畏首畏尾，害怕被人們嘲笑。有些學生因為回答問題錯誤，被同學嘲笑幾聲，從此再也不敢回答問題，這是很不應該的。孔子曰：「知之為知之，不知為不知，是知也。」試想，如果不把自己的答案說出來，又怎麼知道自己是否正確？

相反地，對於一些人來說，別人的質疑和嘲笑正是他們前進的動力。只有可以在嘲笑中堅持、奮起的人，才可以看到最美麗的風景。**有一位老師曾經說：「對於一些學生，一般的鼓勵沒有用，必須用鋒利的刀子去做他們心靈的手術。」**很多時候，別人的嘲諷可以喚醒我們心中的那個巨人，引爆我們體內的無限潛能。

偉大的畫家梵谷，曾經做過許多失敗的行業：失敗的畫店學徒，失敗的求學者，失敗的傳教士……但是梵谷卻沒有因此放棄，堅定地選擇繪畫作為自己的人生目標。雖然他還沒有出發，嘲笑和打擊卻撲面而來，相信自己的勇氣戰勝所有的一切。隨著時間的消逝，那些狂傲自大的嘲笑已經灰飛煙滅，真正留下來的是偉大的梵谷和他熾烈美妙的畫作。在真正的勇者面前，嘲笑是一支逼人的槍，讓他們在難堪中成名。

偉大的成功學大師戴爾・卡內基，利用許多人不斷努力取得成功的故事，透過演講和著作喚起無數陷入迷惘者的鬥志，激勵他們取得輝煌的成功。每天都有很多人在認真地探討卡內基的教學課程，但是實際上，卡內基自己的經歷就是一部活生生的教材。

一八八八年十一月二十四日，戴爾・卡內基出生於密蘇里州瑪麗維爾附近的一個市鎮。父親經營一個農場，家裡非常窮，吃不飽，穿不暖。由於營養不良，卡內基非常瘦小，卻長著一對與頭部很不相稱的大耳朵。

卡內基上的小學校名很浪漫，叫做「玫瑰園」，卻非常簡陋，只有一間教室。他在學校不是一個聽話的學生，因為調皮搗蛋，經常惡作劇，幾次差一點被學校開除。他那雙又寬又大的耳朵，是同學們嘲弄的對象。有一次，班上一個叫山姆・懷特的男孩與卡內基發生爭吵，卡內基說了幾句很刻薄的話，懷特被激怒了，就恐嚇他：「總有一天，我要剪斷你那雙討厭的大耳朵。」他嚇壞了，幾個晚上都不敢睡覺，害怕自己進入夢鄉以後，被懷特剪掉耳朵。

卡內基十六歲的時候，不得不在自家的農場裡做更多的工作。每天早晨，他騎馬進城上學，下課以後急匆匆地騎馬趕回家裡，擠牛奶、修剪樹木、收拾殘湯剩飯餵豬……在學校裡，瘦弱的卡內基永遠穿著一件破舊而不合身的夾克，一副失魂落魄的樣子。有一次上數學課，卡內基被老師叫到黑板前面解答問題。他剛走上講台，就聽見身後發出一陣哄堂大笑，下課以後才明白同學們取笑他的原因。班上一個搗蛋鬼坐在他後面，在他的破夾克的裂縫處插上一朵玫瑰花，還在旁邊貼上一張字條，寫著：「我愛你，瑞德・傑克先生。」在英語中，瑞德・傑克與破夾克是諧音詞。卡內基非常難過，回家以後他對母親說：「同學們總是嘲笑我穿的破衣服，我無法集中精神聽課。」母親說：「你為什麼不想辦法讓他們因為佩服你而尊敬你？」

一九〇四年，卡內基高中畢業以後，就讀於密蘇里州沃倫斯堡州立師範學院。此時，家裡已經把農場賣掉，搬到學校附近。卡內基負擔不起市鎮上的生活費用，只能住在家裡，每天騎馬到學校上課。他是全校六百個學生之中，幾個住不起市鎮的學生之一。他雖然得到全額獎學金，但還是必須到處打工，以彌補學費的不足。

卡內基發現，學校的辯論比賽和演講比賽非常吸引人，優勝者的名字不僅廣為人知，還會被視為學校的英雄人物。這是一個成名和成功的最佳機會，但是他沒有演講的天賦，參加十二次比賽，屢戰屢敗。三十年以後，卡內基談及第一次演講失敗的時候，以半開玩笑的口吻說：「是的，雖然我沒有找出舊獵槍和與之相類似的致命東西，但是當時我確實想要自殺……那個時候，我才認識到自己很差勁……」經歷失敗以後，卡內基發憤振作，重新挑戰自我。

一九〇六年，戴爾・卡內基一篇以《童年的記憶》為題的演說，獲得勒伯第青年演說家獎。這是他第一次成功嘗試，這份講稿至今還收錄在沃倫斯堡州立師範學院的校志裡。

年輕的卡內基沒有因為同學們的嘲笑和奚落而失去鬥志，從卡內基的身上我們可以看出，專心地朝著一個準確的目標前進，所有的障礙就會不攻自破。秘密的法則無時無刻不在我們的身邊，它像一把利刃，幫助我們披荊斬棘；它像一盞明燈，帶領我們走向美好的前方。

第六章

沒有窮困的世界，只有貧瘠的心靈

繪製你的精神圖景，將目標視覺化

夢想的力量總是由無到有，由小變大，由少到多，其中需要一個渴望成功的人不斷地努力與爭取。所有目標的實現，都是一個循序漸進的過程，不可能一蹴而就，更不可能一步登天，需要我們腳踏實地地實現。實現每個小目標，是獲得成功的關鍵，這就要求我們即使處於在意念中繪製精神圖景的階段，也要追求詳盡和可行。

有一位牧師想要建造一座像伊甸園一樣的水晶大教堂，朋友問他預算多少，他坦率地說：「我現在一分錢也沒有，重要的是，這座教堂必須具有足夠的魅力來吸引捐款。」教堂最終的預算為七百萬美元。人們勸他放棄這個不可能實現的想法，他堅定地拒絕，開始自己的募款計畫。

他先在心中構思這座教堂的模樣，甚至默默地計算大概需要多少根柱子、多少扇窗戶。然後，他在紙上寫下九種募款計畫：

尋找一筆七百萬美元的捐款。

尋找七筆一百萬美元的捐款。

尋找十四筆五十萬美元的捐款。

尋找二十八筆二十五萬美元的捐款。

尋找七十筆十萬美元的捐款。

尋找一百筆七萬美元的捐款。

尋找一百四十筆五萬美元的捐款。

尋找兩百八十筆兩萬五千美元的捐款。

尋找七百筆一萬美元的捐款。

三十天以後，牧師用水晶大教堂奇特而美妙的模型，打動一位美國富翁捐出第一筆一百萬美元。第四十天，一對夫妻捐出第一筆兩千美元。第六十天，一個陌生人寄給他一張一百萬美元的支票。六個月以後，一個捐款者對他說：「如果你的誠意和努力可以籌到六百萬美元，剩下的一百萬美元由我來支付。」

第二年，他以每扇五百美元的價格，請求美國人認購水晶大教堂的窗戶，付款方式為每個月五十美元，十個月分期付清。六個月之內，一萬多扇窗戶全部售出。十年以後，可以容納一萬多人的水晶大教堂竣工，成為世界建築史上的奇蹟和經典，這座水晶教堂的所有花費已經超出預算，全部由牧師獨自募款籌集。

信仰是人類認識自己智慧的力量的結果，由百折不撓的信念支持的人的意志，比那些似乎是無敵的物質力量具有更大的威力。我們要讓自己的理想看起來非常清晰而壯觀，就像那座莊嚴而精美的水晶教堂一樣。但是，即使是這種帶有理想化與傳奇色彩的事情，也往往是從一張紙、一支筆，以及一份清單開始的。

明確的精神圖景應該從把自己的理想描繪成一個具體的畫面開始，這是最重要的一步，因為這是你的理想藍圖的基調。一位優秀的建築師，無論是修建一座摩天大樓，還是森林裡的一間木屋，都要先在圖紙上畫出它的草圖，不能天馬行空般地隨意發揮。

我們的藍圖成型之後，就要將其分散成更具體細緻的目標，因為很多事情不可能一步到位，「具體化」的過程是將精神圖景轉化為現實必經的階段。

人生就像一場馬拉松比賽，很多時候，終點似乎遙不可及，但是如果我們可以把前方不遠處的風景當作人生的路標，例如：第一個標誌是銀行，第二個標誌是一棵大樹，第三個標誌是一座紅房子……這樣做就可以讓我們更快到達終點。

有才華的人為何會貧窮？

我們的一生，想要走向成功，必須有自己的目標。如果沒有目標，猶如無法看到燈塔的航船，在暴風雨裡茫然不知所措，以致迷失方向。無論怎樣奮力航行，終究無法到達彼岸，甚至船破舟沉。

現實生活中有一種人，天資聰慧，又有良好的家庭薰陶和學校教育，但是忙碌一生卻一事無成，這樣的「懷才不遇」讓人們困惑。其實，他們難以成功的原因很簡單：因為他們沒有目標，導致人生的航船迷失方向，所有的才華也沒有發揮的空間和管道。

古羅馬哲學家塞內卡有一句名言：「如果一個人活著不知道自己要駛向哪個碼頭，任何風都不會是順風。有些人活著沒有任何目標，他們在世間行走，就像河中的一棵小草，他們不是行走，而是隨波逐流。」

在生活的海洋中，想要做一個成功的舵手，首先必須確立明確的人生目標。人生沒有明確的目標，生活就會盲目漂移，做事就會沒有方向，進而敷衍了事、臨時湊合，最後失去責任感。沒有目標，英雄也無用武之地。

有一個二十五歲的年輕人，大學期間表現一直非常優秀，他的成績優異，又有很強的組織能力，人際關係也很好，但是大學畢業之後，他換了幾個工作，對自己的生活依然很不滿意，於是向管理大師柯維諮詢。他期待可以找到一份稱心如意的工作，改善自己的生活處境。

「你到底想要做什麼？」柯維問。

「我不知道，」年輕人猶豫不決地說，「我從來沒有想過這個問題。我只知道，我的目標不是現在的這個樣子。」

「你的愛好和特長是什麼？」柯維接著問，「對於你來說，最重要的是什麼？」

「我也不知道，」年輕人回答，「我沒有想過這個問題。」

「如果讓你選擇，你想要做什麼？你真正想要做的是什麼？」柯維對這個話題窮追不捨。

「我真的不知道，」年輕人困惑地說，「我真的不知道我究竟喜歡什麼，我從來沒有想過這個問題。我認為，我應該認真思考這個問題。」

「你看看這裡吧，」柯維說，「你想要離開你現在所在的地方，然後到其他地方。但是，你不知道自己想要去哪裡，不知道自己喜歡做什麼，也不知道自己可以做什麼。如果你真的想要做一些事情，現在必須拿定主意。」

柯維和這個年輕人進行徹底的分析，他對這個年輕人的能力進行測試，發現這個年輕人沒有充分瞭解自己具備的才華。柯維知道，對於每個人來說，才華是不可缺少的，更重要的是：施展才華的空間。然而，只有明確奮鬥目標，才會知道自己要朝著哪個方向努力。

接下來，柯維幫助這個年輕人認真分析自己的優點和缺點，然後啟迪他去發現自己的人生理想，並且幫助他制定詳盡的工作計畫。這個年輕人滿懷信心，踏上成功的征途。現在，他已經知道自己想要做什麼，自己應該怎麼做。他知道怎樣才可以事半功倍，期待收穫屬於自己的財富，他一定可以獲得成功——因為沒有什麼困難可以擋住他對實現目標的渴望。

目標引領人生，沒有目標的人生是可悲的，時間只會在漫不經心中流逝，即使擁有令人仰望的才華，即使每天忙得焦頭爛額，如果不知道自己的終點在何方，所有的忙碌只是虛度光陰，滿腹才華也沒有用武之地，最後還是一無所成而受人憐憫。因此，我們必須為自己樹立一個目標。

實做的笨蛋，比浮誇的騙子更有成就

想要聲名顯赫，必須兼有實力與實做精神。有實做精神的平庸之輩，比無實做精神的高明之輩更有成就。**造詣與資質都是人們需要的，但是要有實做精神相助，兩者才可以盡善盡美。**

那些想要有偉大成就的人，實做精神就是他們的人生信條。因為他們知道，單純地擁有天賦和想像力，不設身處地為之奮鬥，成就不會光顧自己。實做是展現我們能力和實力的方法，也是我們成功的必經之路。

英國有一個叫法蘭克的年輕人，從小立志創辦雜誌。一天，他看見一個人打開一包紙菸，從中抽出一張紙片，隨即把它扔到地上。法蘭克彎下腰，拾起這張紙片，上面印著一個著名女演員的照片。在這張照片下面印有一句話：這是一套照片中的一張。菸草公司獎勵買菸者收集一套照片，以此作為香菸的促銷手段。他把這張紙片翻過來，發現它的背面竟然完全空白。法蘭克認為，這其中有一個機會：如果充分利用裝在菸盒裡的印有照片的紙片，在它空白的那一面印上照片上的人物傳記，這種照片的價值就會提高許多。

於是，法蘭克找到印刷這種紙菸附件的公司，向這家公司的經理提供自己的創意，最終被經理採納，這就是他最早的寫作任務。後來，他的傳記的需求量與日俱增，不得不請人幫忙。他請求自己的弟弟幫忙，並且付給每篇五美元的報酬。不久，法蘭克又聘請五個報社編輯幫忙撰寫傳記，以供應印刷工廠的需求。最後，他如願以償地成為一家著名雜誌的主編。

如果法蘭克缺乏聯想能力，紙片到他的手中就會變成廢紙；如果法蘭克單純地想要在紙片的背面附上人物的經歷，不找印刷工廠提供自己的創意，也不可能成功。有時候，生活給你很多機會，自然給你造詣和資質，但是如果你不付諸行動以展現自己的才華，失敗的惡魔已經追隨在你的身後，等待你掉入它的深淵。**實做是擺脫厄運的方法，也是獲得成功的階梯。**

有時候，聰明才智會給人們錯覺，讓人們以為勤奮和實做對有天賦的人來說是無用的，許多人就是在產生這種想法以後止步不前。人們經常以為天才可以不費吹灰之力就獲得成功，甚至認為他們不需要刻苦和謹慎，就可以取得偉大成就，這完全是一種錯誤。被稱為「股神」的巴菲特，在金融市場裡所向披靡，但是他也有犯錯的時候。他對股票市場始終心存敬畏，無時無刻不在觀察日常的變動，絲毫不敢怠慢。上天賦予他聰穎的智慧和對股票的敏銳觀察力，但是他全心地投入事業中，才會成為今日的「股神」。

「實際上，我比任何一位在田野裡耕耘的農夫更苦更累。」英國畫家米萊說。他作畫的時候，總是達到忘我的境界。提到年輕人的時候，他說：「我對所有年輕人的忠告是：『去工作吧！』不可能每個人都是天才，但是每個人都可以工作。不工作的人，即使擁有天賦、絕頂聰明，也無法創造輝煌。」

沒有艱辛就沒有成就，大人物的豐功偉業都是憑藉實做和持之以恆。

畫家雷諾茲指出，一個人的智力與能力一般，但是實做成為彌補才智的方法。如果做到目標明確、方法得當，勤奮地工作會將成功送到你的面前。**我們應該具有一種意識：不是用一顆觸景生情的心，加上豐富的想像力，就可以使自己成為巨人，關鍵是要知道怎樣展現自己的能力。**

最佳行動時機就是現在

有一個秘密，讓哥倫布發現美洲新大陸，讓愛迪生發明電燈，讓比爾・蓋茲成為世界首富。它可以讓你完全改變自己的處境，走向越來越光明的環境中。**這個秘密就是：任何擔憂都可以用行動消除。**

如果你感到恐懼，過多的思考只會增加你的恐懼感。開始行動，你會發現原來沒有什麼可怕的。但是又有人問：何時行動是最好的？答案就是現在！**現在就行動，任何準備都是無損於最後的行動。**

其實，不僅要在現在此刻行動，也只能選擇在現在此刻行動。

一個人不可能失去過去和未來，這是他沒有的東西，誰可以從他那裡奪走？唯一可以從他那裡奪走的只有現在。任何人失去的不是什麼生活，只是他現在過的生活；任何人過的不是什麼生活，只是他現在過的生活。最長的和最短的生命就是如此成為同一。

這是一個哲學式的分析，我們可以還原到生活中來理解。

生活中，經常發生這種事情：來到眼前的輕易放過，遠在天邊的苦苦追求。佔有它的時候，感到平淡無味；失去它的時候，覺得異常珍貴。可悲的是，這種事情經常發生，我們卻依然覬覦「無法得到」的東西，跌入「無法得到的，總是最好的」的陷阱中，失去我們身邊的寶貝。

大多數的人都沒有活在「今天」——不是活在「從前」，就是活在「以後」。許多寶貴的時刻都溜走了，因為我們的內心被過去和未來佔據。「活在今天」這個觀念不是非常深奧，但是很少有人可以做到。

活在今天非常重要，因為只有此時才是你真正擁有的。除了此時此刻，你別無選擇。活在今天，就是要承認自己無法品嘗過去或未來的時刻。就是今天！信不信由你，你的一生只有今天這一天，而且只有此刻這一刻。

掌握此刻對於享受創意的人生是很重要的，創意品質的優劣取決於是否可以完全投入活動之中，只有如此，才可以從自己做的事情中得到充分的快樂與滿足。不管你正在下棋還是和朋友說話，或是觀看落日，掌握此刻真是美好。將創意投注於現在，會產生一種親切的感覺，並且感覺到與世界之間的真正和諧。

有一天晚上，偉大的所羅門王做了一個夢。在夢裡，有一位智者告訴他一句至理名言，這句至理名言涵蓋人類的所有智慧，可以使人們得意的時候保持平常心，不會忘乎所以；失意的時候可以百折不撓，始終保持快樂平和的狀態。

但是，所羅門王醒來之後，怎麼也想不起那句至理名言。於是，所羅門王找來幾位最有智慧的老臣，向他們講述那個夢，要求他們把那句至理名言想出來，並且拿出一枚鑽戒，說：「如果想出來那句至理名言，就把它刻在戒面上，我要每天把這枚戒指戴在手指上。」

一個星期過後，幾位老臣興奮地前來送還鑽戒，戒面已經刻上一句可以讓他永遠保持快樂的至理名言：「只活在今天！」

如果活在過去，沉醉於往日的成敗，只是在浪費現在；如果耽於幻想明天，自我陶醉，永遠無法達到自己理想的那個高度。**過去可以反省，未來可以憧憬，但是可以行動的時刻，只有現在。**

假如你現在正在看一本書，你的人生就會因為這本書中的觀點發生一些變化。也許你意識到自己已經浪費很多時間，但是這本書不是為了告訴你要自責，而是讓你帶著自責之心立刻改正自己，這樣才是真正的積極行動。

昨天是一張已經過期的支票，明天是一張尚未填寫數字的空白支票，等著我們去填寫。只有今天的支票是最有效的，我們要竭盡心力地把握和珍惜。

我們也許可以不必在意周圍的一切，但是必須珍惜現在擁有的一切：好的、不好的；令人歡喜的，令人憂愁的。少一些遺憾，多幾分坦然，即使有一天會失去，你也會無怨無悔地說：我曾經珍惜我擁有的。

抓住此刻，就是給自己一個重新開始的機會，之後的每一個此刻，你都可以抓住。放棄現在，就像推倒一個多米諾骨牌，之後的無數個「現在」也會被捲進來而耗損，這是一筆不得不算的時間帳。

真正懂得學習的人，是那些會休息的人

一張報紙上有一個廣告，上面有醒目的大字：「最優秀的人從來不休息」，標題下面是六個傑出的業務員的照片。顯然這是在告訴人們，這些業務員之所以成功，是因為他們從來不停止工作。但是從這些照片來看，每個業務員的職業笑容背後，都有難以掩飾的疲憊和緊張。

報紙上沒有說明的是，這些人很有可能因為罹患心臟病或是中風而英年早逝，或是因為過度繁忙而罹患消化系統疾病。「最優秀的人從來不休息」這種說法不正確，因為最優秀的人最知道怎樣休息。他們非常珍惜自己，因此可以照顧自己。**最優秀的人不是竭力從工作中獲得自我價值，而是從肯定自我價值這一點出發去做事**。既然他們肯定自己，就不會拿自己的健康去交換所謂的成就。

其實，真正最優秀的人在工作的時候從容不迫，保證有足夠的時間與家人和朋友相處，意識到如果他們從自己的創造性而不是從競爭出發，物質的成功和收穫就會以奇蹟般的方式滾滾而來，這是依靠迫不及待的奮鬥無法達到的。

工作上是如此，學習上亦為同理。

有一個著名的公式：「八減一大於八」，意思是：從八個小時之中拿出一個小時進行運動、娛樂、休息，表面上只學習七個小時，但是由於精力充沛，其效率大於不間歇地學習八個小時。人類的大腦一般要有八個小時的睡眠，才可以使腦力和體力得到恢復。

哈佛大學心理學專家認為，每天要有充足的睡眠時間：小學生為九～十個小時，國中生為九個小時，高中生為八個小時。為了更好地學習，我們每天至少要保證足夠的睡眠時間，才可以有充足的精力高效率地學習。

一個人的精力如同一根彈簧，如果在它的彈性限度內拉開它，手鬆開以後，它就會彈回去，恢復原來的狀態。假如超出彈簧的彈性限度，再鬆手的時候，它就不會再恢復原狀。如果休息不足，每天「超負荷學習」，就像超過「彈性限度」，時間長了，必定影響身體健康。同時，由於大腦連續工作時間過長，就會疲勞不堪，進而感到學習很累，輕鬆更是無從談起，學習效率也會降低許多。

比爾・蓋茲在自己年幼的日記中說：「人生是一次盛大的赴約，對於一個人來說，一生中最重要的事情，就是信守由人類累積起來的理智提出的至高無上的諾言。」比爾・蓋茲的諾言，就是要成就驚天動地的事業。在另一篇日記裡，他又寫道：「也許，人類的生命是一場正在焚燒的火災。一個人可以做的事情，就是竭盡全力從這場火災中搶救一些東西出來。」

對於比爾・蓋茲來說，讀書是一種巨大的樂趣。在他年幼的時候，有一次，老師向他們安排作文，要求五頁的篇幅。結果，蓋茲利用百科全書和其他醫學、心理學方面的書籍，寫了三十多頁。讀書讓他富有知識，更樂於接受新的知識。直到現在，蓋茲還保持每年針對一個新的問題進行閱讀的習慣。

休息，是為了更好地學習。我們必須改變觀念：不是抓住每一分鐘學習，而是抓住學習的每一分鐘。如果你最近感覺很疲憊，清晨起床以後還是感覺很累，或是出現原因不明的極度疲勞；少語、憂鬱、不願意與別人說話、心慌意亂、煩悶不安、容易生氣；胃口不好、頭痛、失眠；學習效率下降、注意力不集中、記憶力減退……如果基本符合上述問題中的兩項以上，而且查不出其他原因，說明你的學習已經超過負荷，應該注意調節。如果你在學習的時候感覺很累，可以小睡片刻，這樣精神就會很好，因為此時睡覺會立刻進入夢鄉，所以睡眠品質很高，可以立刻補足精神，精神補足以後，學習效率就會提高，學習也會變得比較輕鬆。中午時分，如果可以小睡片刻，下午和晚上就會更有精神。

學習中的休息時間不要超過十分鐘，因為超過十分鐘就會很難收心。

對待學習超過負荷的最好方法，就是立刻休息，放慢學習進度。採取何種休息方式，視具體情況而定，例如：到公園或是風景宜人的地方散步；徹底放鬆地睡覺；拜訪知心朋友，天南地北地閒聊；參加自己喜歡的文化娛樂體育活動；轉移注意力，培養集郵、收藏、種植花草、唱歌等愛好。

學習出現疲勞的時候應該立刻休息，找到適合自己的放鬆方式，對提高學習效率非常有幫助。事實上，只有做到既懂得學習又懂得休息，學習才會變得比較輕鬆。

價值不需要用抱怨來證明

塵埃是肉眼能見的事物之中很小的一種，與茫茫宇宙相比，它們過於微小，甚至可以忽略不計，但是它們可以創造令人瞠目結舌的奇蹟。塵埃匯聚，可以築成千年古堡，也可以成為萬年堤壩。埃及的金字塔、中國的長城、古巴比倫的空中花園，到處都有它們的影跡。

塵埃的價值，呈現在它生命的每一分、每一秒，它們在沉默中證明：即使再渺小的事物，也有其存在的價值。每個人都有無窮的潛能，只是需要加以發掘，不要抱怨自己的價值沒有被人們發現。如果你是一顆珍珠，即使被禁錮在堅硬的貝殼之中，遲早也會被人們發現。如果你是一粒沙子，即使在陽光照射下的海灘上，也會永遠被遊客踩在腳底。

約翰從史丹佛大學畢業之後，進入一家規模很小的公司，每天像所有剛入職的年輕人一樣，從事簡單的工作。他經常有一種懷才不遇的感覺，因為無法得到重用而終日愁眉苦臉，不停地向自己的家人和朋友抱怨。

一天，約翰終於忍不住心中的憤懣，前去質問上帝：「命運為什麼對我如此不公平？」

上帝沉默不語，從地上撿起一顆石頭扔進亂石堆裡。上帝對約翰說：「請你利用你的才華和智慧，把我剛才扔掉的石頭找回來吧！」

約翰翻遍了亂石堆，卻無功而返。他不滿地說：「你還沒有回答我的問題！」

上帝皺了皺眉頭，他走到約翰的身邊，摘下約翰手上的戒指，再次扔進亂石堆。約翰既驚訝又生氣，沒有等到上帝說話就迅速地跑到石堆旁。這一次，他很快就找到那枚金光閃閃的戒指。

約翰怒氣沖沖地走到上帝面前，還沒有開口，上帝卻說了一句話：「你是那顆石頭，還是這枚戒指？」

看著面帶微笑的上帝，約翰恍然大悟：自己只是一顆石頭，而不是一塊金光閃閃的黃金的時候，永遠不要抱怨命運對自己不公平。

我們抱怨命運對自己不公平的時候，先問自己到底是石頭還是黃金。有些人經常對自己評價過高，遭遇挫折的時候，就會覺得自己懷才不遇、與別人格格不入，進而有可能轉變為另一種極端：對自己評價過低，真是令人感到遺憾。不適當的評價從心理學的角度來說是非常態的，而且這種評價的結果，經常會導致人們對生活、學習、工作產生不良的心態。只有適當的自我認識，才可以造就美好的人生。

價值從來不需要用抱怨來證明，一個人只有先征服自己，才有能力征服別人，讓別人信任自己。**有**

一位作家曾經說：「說服自己，是一種理智的勝利；被自己感動，是一種心靈的昇華；征服自己，是一種人生的成熟。說服、感動、征服自己的人，就有力量征服所有挫折、痛苦、不幸。」所以，想要向世界證明自己的能力，必須先讓自己相信，你是一個真正有實力的人，而不是一個「抱怨鬼」。

如果你發現並且肯定自己的價值，請冷靜、堅定、自信地守護你的理想，只要你相信它，它就可以實現。不要忘記隨時給自己加油，很快你就會發現，原本可望而不可即的東西，已經變得觸手可得。

目標的高度，決定人生的高度

人生中最大的目標就是理想。對一個積極的人來說，必然有偉大的理想。理想是對未來的追求，是遠方的誘惑，給人們戰無不勝的力量，所以有人說，理想目標是人生的太陽。一個人如果失去目標，就會失去方向，進而成為在原地周旋的庸人。

人生的目標有大小之分，有人說目標向上看是信仰，向下看是意識；向遠看是志向，向近看是計畫；向外看是抱負，向內看是責任。這就是說，任何偉大的目標，沒有植入自己的內心，或是沒有成為確實可行的計畫及責任之前，都是一種空想，只能畫餅充饑，毫無現實意義。只有依靠確實的行動，才可以實現自己的目標。

一個擁有偉大目標的人，就會擁有執著的心態和行動，不會因為一時的安逸而不思進取，放棄自己的偉大目標。他們的手中，都有一個望遠鏡，眺望人生的最前方。

擁有目標的人比消極待事者更有爆發力，更可以創造優異的成績。目標是人們經過深入思考以後獲得的一種美好的願望，而且願意按照這個深信不疑的觀念去行動。它具有堅定性和穩定性，形成以後很難改變。因此，目標可以使人們迸發生命的潛力，忍受身心的折磨和痛苦，產生巨大的勇氣和能量。

有兩位同是年屆七十歲的老婦人，一位認為這個年紀已經是「古來稀」，於是開始料理後事，不久就告別人世。另一位卻不在意自己的年齡，要做自己喜歡的事情，於是制定一個學習登山的計畫，冒險攀登高山，先後登上幾座世界名山。

她在九十五歲高齡的時候，登上日本的富士山，打破登山的最高年齡紀錄。她就是美國鼎鼎有名的胡達・克魯斯。

不同的目標產生不同的心態，不同的情緒導致不同的行為，建立明確的目標會使我們的人生充實而有意義。你給自己的人生賦予什麼樣的色彩，是豐富多彩，還是暗淡無光，取決於你制定什麼樣的目標。可見，目標對個性的發展具有決定性的作用。

高爾夫球選手、網球運動員、足球運動員、拳擊選手都有一種傾向：在一般比賽的時候，沒有全力以赴。如果是真正的競爭，就要設定偉大的目標，它可以刺激我們，使我們盡最大的努力。只要找到偉大的目標，就不會只得到少數沒有價值的東西。偉大的目標可以激發我們全身的活力，讓我們充滿興奮。

你對生命有什麼看法，決定你會從生命中得到什麼。取一根鐵條，把它用來作為門閘，價值一美元；用來製作馬蹄鐵，價值五十美元；精煉成優良的鋼，並且用來製造鐘錶的發條，價值兩萬美元。

看待鐵條的方式不同，就會產生不同的結果。同理，對未來的不同看法，也會產生不同的結果。無論你是美容師、家庭主婦、運動員，還是學生、推銷員、商人，都要有一個偉大的目標。**布克・華盛頓說：「人們以達到目標必須克服的障礙之大小，來衡量其成就的大小。」**

偉大的目標，就像一個望遠鏡，讓你看向更遠處的美麗風景，而不是只局限於眼前的狹小天地。

第七章

只專注於自己追求的那個目標

徹底負責

推銷員的工作要求他們主動負責，對客戶負責到底，徹底負責讓他們的事業更順利。

負責可以讓事業更順利

一家公司的行銷部經理率領自己的團隊去參加某國際產品展示會。在展示會開始之前，有許多事情需要提前完成，例如：展位設計和布置、產品組裝、資料整理和分裝。可是團隊中的大多數人，卻和往常在公司的時候一樣，不願意多做一分鐘，到了下班時間，就回到飯店休息。經理要求他們工作，他們竟然說：「又不給加班費，為什麼要工作？」更有甚者還說：「你也是一個員工，只是職位比我們高一些，何必那麼拚命？」

在展示會開始的前一天晚上，公司老闆親自來到會場，檢查會場的布置情況。

到達會場，已經是凌晨一點，讓老闆感動的是：行銷部經理和一個工人趴在地上，認真地擦拭裝修的時候黏在地板上的塗料，兩個人渾身是汗。讓老闆驚訝的是，沒有看見其他人。見到老闆，行銷部經理站起來對老闆說：「我失職了，無法讓所有人留下來工作。」老闆拍著他的肩膀，沒有責備他，指著那個工人問：「他是在你的要求下留下來工作的嗎？」

經理簡單地敘述情況，這個工人是主動留下來工作，在他留下來的時候，其他工人都嘲笑他是傻瓜：「你賣什麼命啊，老闆不在這裡，你累死了老闆也不會看到，不如回去飯店睡覺！」

老闆聽完敘述，沒有做出任何表示，只是招呼自己的秘書和其他幾個隨行人員一同參與工作。

展示會結束以後，回到公司，老闆立刻解雇那天晚上沒有參與工作的所有工人和工作人員，同時將與行銷部經理一同工作的那個工人提拔為分公司的廠長。

那些被開除的人滿腹牢騷地找人事部經理理論：「我們只是多睡了幾個小時，憑什麼解雇我們？他只是多做了幾個小時的工作，憑什麼當廠長？」他們說的「他」，就是那個被提拔的工人。

人事部經理對他們說：「用前途去換取幾個小時的舒適，這是你們自己的行為，沒有人強迫你們那麼做，怨不得誰。而且，我可以根據這件事情推斷，你們在日常的工作中也經常偷懶，這是對公司極度的不負責任。他雖然只是多做了幾個小時的工作，但是根據我們調查，他是一個總是為公司著想的人，在平日裡默默地奉獻許多，比你們多做了許多工作，他應該得到提拔。」

提拔這個工人不是因為偶然，也不是因為失誤。這個工人表現出來的，是強烈的負責精神，是對企業的忠誠。

主動負責，勇於負責

奇異公司前執行長傑克・威爾許還是工程師的時候，經歷過一次極為恐怖的事故：他負責的實驗室發生爆炸，一塊天花板被炸下來，掉在地板上。

為此，他對自己的老闆里德解釋事故的原因。當時，他緊張得失魂落魄，自信心就像那塊被炸下來的天花板一樣，開始動搖。

里德非常通情達理，他關注的是威爾許從這次事故中學到什麼東西，以及如何彌補和繼續這個項目。他對威爾許說：「我們最好現在就對這個問題進行徹底瞭解，而不是等到以後進行大規模生產的時候。」威爾許本來以為會是一場嚴肅的批評，但是實際上里德卻完全表示理解，沒有任何情緒化的表現。

勇敢地說：「這是我的錯」，不僅可以表現一個人敢於承擔責任的勇氣，也可以反映一個人誠信的品格。工作中難免會出現一些問題，產生問題的原因有很多，雖然主要責任者可能是一個人，但是相關人員也有一定的關係。

但是在討論和分析錯誤產生原因的時候，無論是由於你的直接過失引起的，還是間接過失引起的，都要勇敢地承認自己的錯誤。**與其讓別人拐彎抹角地讓你說出來或是他們說出來，不如自己先吐為快，讓你的競爭對手無話可說，並且從心裡佩服你。**而且，隱瞞錯誤，對自己也是一種負擔，你會感到內疚，長久下去，也會影響自己的身體健康。互相推諉，無助於問題的解決，還會影響同事之間的關係和部門之間往後的合作，使自己的工作陷入無助的境地。

為什麼不勇敢地承認：「是，這是我的錯」，然後思考如果再發生類似的事情，應該如何處理？或是請教自己的主管，是否可以得到更多的授權，以避免類似的事情發生。一個積極思考如何做得更好的人，是一個敢於負責、積極進取的人。

聰明的員工，必須勇於承擔自己職責範圍以內的責任，積極地尋找並且把握謀求公司利益的機會。只有這種員工，才是老闆心目中值得栽培的人才。

對客戶負責到底

生意談妥之後，推銷員經常忽略之後的服務工作，就像斷了線的風箏不知去向。

對於有出貨期限以及分批出貨的商品，推銷員應該與公司相關部門保持緊密聯繫，追蹤工作進行狀況，才可以避免造成雙方的衝突與客戶對商品的抱怨。無論任何時候，推銷員都要對客戶負責到底。

事實上，許多推銷員收到訂單以後就會消失得無影無蹤，等到要推銷產品的時候，又像客戶公司的員工每天去報到，這種推銷員是不合格的。至少平常應該打電話問候，不僅可以增進雙方的感情，也是獲得新訂單或是新情報的最好時機。

往日的推銷員在拜訪客戶的時候，喜歡帶禮品去慰問客戶，但是現在的推銷員已經有所改變，他們認為最佳的禮品是「最有價值的情報」，這些情報可以讓客戶感到喜悅。食品界的價格競爭非常激烈，推銷的對象包含餐廳、飯店、速食店、雜貨店。這些地方的經營者看到推銷員的第一句話是：商品是否可以打折，推銷員與客戶交談的話題也會集中在價格的問題上。

食品商的利潤日益下降，針對這個情形，某食品公司進行一個徹底的調查，想要瞭解客戶真正的需求在哪裡，是否只對便宜貨有興趣。但是調查結果分析顯示：客戶最需要的是「對客戶經營最有效的情報」與「同業的訊息」，價格打折只是害怕輸給對手，降低自己的成本是最直接的方法。

做完調查工作之後，這家公司立刻將新產品的開發與新的經營情報收集列入推銷員的工作中，並且以經營管理顧問的服務角色，提供客戶經營管理的訊息，同時進行指導。從此，這家公司與客戶之間的話題不再是降價問題，更重要的是：客戶會將自己最困惑以及最渴望解決的問題，與推銷員討論。客戶獲得問題的指點之後，推銷員也帶回最珍貴的客戶需求訊息，使公司的經營成績直線上升，可謂一舉多得。

忠誠是一種高尚的品格

忠誠的人是高尚的人，忠誠是立身之本，它是一種義務。忠誠面前沒有條件，忠誠比黃金更可貴，忠誠勝於能力。

忠誠的人是高尚的人

忠誠於自己的工作，忠誠於公司，忠誠於老闆，忠誠於自己的主管，這是一個員工的高尚品格。在老闆的眼中，忠誠比才華重要十倍，甚至百倍。所以，許多老闆願意接受一個資質平凡但是忠誠度高的員工，不願意接受一個極富才華和能力卻總是在盤算自己前途的員工。

忠誠是一個人的高尚品格，也是一個員工的基本道德。一個員工對公司是否忠誠，在老闆不在的時候，可以充分表現出來。

忠誠也是做人之本。老闆不在的時候，你可以做很多事情：可以完成自己的工作，也可以投機取巧；可以維護公司的利益，也可以謀取私利。但是不要忘記，老闆可能一時之間難以發現，並非表示老闆永遠不會發現。

此時，一個優秀的員工更應該保持忠誠，不可以因小失大，使自己作為一個優秀員工具備的道德品格因為一時的疏忽而迷失。

老闆評價一個員工的時候說：「忠誠可靠！」這是對員工品格的最高褒獎和最大肯定，每個員工都應該以此為榮。

忠誠是立身之本

忠誠建立信任，忠誠建立親密。只有忠誠，別人才會信任你、承認你、容納你、接近你。客戶購買商品或是服務的時候，不會把自己的錢給一個缺乏忠誠的人；與人共事，沒有人願意和一個不忠誠的人合作；組建家庭，更是要看對方對自己是否忠誠，對方是否值得自己付出忠誠……

有一位才華橫溢的人，先在牛津大學獲得碩士學位，又在哈佛大學獲得博士學位。而且，他的文章寫得很好，在許多報紙上擔任專欄作家，經常到大學裡講授寫作知識。他的口才也很好，演講頗具煽動性，可以點燃聽眾的熱情。

這樣的人才，在就業方面應該有很多選擇。可是，他卻正在為找工作煩惱。

原來，他的名聲不好，幾乎沒有公司願意聘用他。他的名聲之所以不好，是因為缺乏對公司的忠誠。

之前，他獲得博士學位以後，先是在一家電腦公司擔任市場總監，工作不到半年，他向競爭對手出賣公司的市場開發機密。

拿到出賣機密的酬金，他到一家製藥公司擔任企劃總監。三個月不到，他聽說另一家製藥公司的待遇更好，就以自己掌握重要的藥物開發資料為誘餌，讓那家公司聘用他。新公司看中的是藥物開發資料，而不是他這個不忠誠的員工，資料到手以後，老闆立刻解雇他，並且把他列入永遠不聘用的「黑名單」之中。

幸好，他的壞名聲還沒有傳得很遠，找工作不是太困難，他很快又進入一家電氣公司，新公司聘用他擔任總裁。遺憾的是，他還是沒有珍惜這份工作，又出賣老闆，並且帶走許多優秀的員工。他成立一家公司，但是不到半年就倒閉了，無奈之下，只能再去找工作……

但是，他終於發現，最受打擊的，還是他自己，因為他被貼上「不忠誠」的標籤，成為一個不受歡迎的人，被許多公司列入「黑名單」，每個瞭解他情況的老闆都表示絕對不再聘用他。

在這個無法脫離組織和團隊的社會中，一個人沒有忠誠，就會無法存活。一個失去忠誠的人，不僅失去機會、失去做人的尊嚴，更失去立足之本。即使是那些從你的身上獲取好處的人，也會鄙視你、遠離你、拋棄你。

忠誠沒有條件

一群小孩在公園裡玩打仗的遊戲，一個小孩扮成哨兵站崗，扮演軍長的小孩命令他不准擅自離開，他就在那裡站著。後來，玩累了的孩子們都回家了，他獨自在那裡站崗。天色已晚，站崗的小孩哭了起來。公園管理員循著哭聲跑過來，要他趕快回家。

「我是士兵，我要服從軍長的命令，軍長命令我不得擅自離開，我不能走！」孩子說。

公園管理員想了想，站直身子，嚴肅地說：「我是司令員，現在我命令你回家。」

小孩聽了以後，高興地回家。

這個故事有些可笑，但是我們細想一下，孩子對「軍長」的忠誠，對「士兵」職責的忠誠，以及對「部隊」的忠誠，是那樣的執著，不是現在很多人缺少的嗎？

忠誠沒有條件。

因為忠誠是一種與生俱來的義務。你是一個國家的公民，就有義務忠誠於國家，因為國家給你安全和保障；你是一個公司的員工，就有義務忠誠於公司，因為公司給你發展的舞台；你是一個老闆的下屬，就有義務忠誠於老闆，因為老闆給你就業的機會；你在一個團隊中擔任某個角色，就有義務忠誠於團隊，因為團隊給你展示才華的空間；你和同事共同完成任務，就有義務忠誠於同事，因為同事給你支持和幫助……總之，忠誠不是討價還價，忠誠是你作為社會角色的基本義務。

忠誠為什麼不講求回報？

因為真正的忠誠是一種發自內心的情感。這種情感如同對家人的情感、對戀人的情感那麼真摯。對國家忠誠，是因為你熱愛國家；對公司忠誠，是因為你熱愛公司；對老闆忠誠，是因為你對老闆心存感恩；對同事忠誠，是因為你發自內心信任你的同事。

事實上，忠誠不是沒有回報。一個忠誠的人，可以得到忠誠的回報，以及其他想要得到的東西。**凱撒大帝曾經說：「我忠誠於我的臣民，因為我的臣民忠誠於我。」**

任何一樣東西，在擁有的時候都不會珍惜，包括工作。許多人在工作的時候，經常忽視這份工作對他們自己生存和家人溫飽的重要性，把更多的精力放在計較工作回報上。他們總是覺得自己付出的太多、得到的太少，別人得到的更多。在他們的潛意識中，擁有這份工作是理所當然的，得到更多的回報也是理所當然的。

你應該記住，公司不會給你什麼，但是你如果給公司絕對的忠誠，忠誠一定會回報你，它包括薪水以及榮譽。忠誠與回報不一定成正比，但卻是同步增長的。忠誠度越高的員工，創造的價值就會越多，獲取的回報也會越多。

忠誠比黃金更可貴

寒冷的阿拉斯加冰原上，居住著一戶四口之家：一對夫妻和兩個男孩。這個家庭中還有另外兩個特殊的成員：兩隻狼。三年以前，一個冰天雪地的季節裡，男主人發現兩隻嗷嗷待哺而且奄奄一息的小狼。牠們的母親可能被其他動物咬死了，也可能被人類凶殘地射殺了，在主人的精心照顧下，兩隻狼逐漸融入這個家庭。雖然牠們不像狗那樣討人喜歡，隨著身軀的日益強大，反而讓主人對牠們充滿戒心，並且把牠們拴在院子裡。三年以來，只有兩個男孩每天都對兩隻狼表示親近和友善。

一天，這對夫婦到離家幾公里以外的地方伐木，留在家裡的兩個男孩不小心弄倒煤油燈，猛烈的大火開始吞噬木製的房屋。房門已經被熱浪擠壓得無法打開，但是父母距離他們太遠了，兩個男孩即將陷身於火海之中。此時，意想不到的事情發生了。兩隻狼先是驚恐，然後拼命掙斷繩索，向木製的窗戶撞上去，朝著火海中的孩子衝過去，不顧煙霧與恐懼地將兩個男孩帶出火海，救到安全的地方。火熄滅了，孩子得救了，兩隻狼卻被燒得很慘，身上的毛幾乎都燒焦了。

毫無疑問，狼族和人類一樣，講求忠誠守信，擁有深厚情感。生死攸關之時，狼表現出來的情義與忠誠，更是勝於人類。人們為自己貪得無厭的欲望而背信棄義、捨忠弄奸、同類相殘的時候，狼在提醒我們：如此下去，將是人類自己毀滅的開始。

在一個求新求變的時代裡，「忠誠」也許是一個不合時宜的詞語。全世界都在談論「變化、創新、實惠」的時候，提倡「忠誠、敬業、服從、信用」之類的話題，似乎顯得陳舊落後。然而，社會要獲得健康發展，我們就無法迴避人與人之間最基本的契約，忠誠在任何國家、任何時代都是必要的。

忠誠是人類最重要的美德之一，從古到今，沒有人不喜歡忠誠。主管需要忠誠的下屬，產品需要忠誠的消費者，每個人都希望有忠誠的朋友。員工忠誠於自己的公司、忠誠於自己的老闆，與同事們同舟共濟、共赴艱難，就會獲得一種團體的力量，人生就會變得更豐富，事業就會變得更有成就，工作就會變得更有趣味。相反地，那些表裡不一、言而無信之人，陷入爾虞我詐的複雜人際關係中，在同事之間玩弄各種權術和陰謀，即使可以取得一些成就，終究不是一種理想的人生，最終受到損害的還是自己。

忠誠就是不要吹毛求疵和抱怨。完美的人不存在，上帝也會犯錯。

忠誠勝於能力

忠誠勝於能力。然而，讓我們感到遺憾的是：在現實生活以及工作中，忠誠經常被忽視，人們總是片面地強調能力。

戰場上直接打擊敵人的，是能力；商場上直接為公司創造效益的，也是能力。忠誠似乎沒有產生直接打擊敵人和創造效益的作用。可能正是因為這一點，導致人們重視能力、輕視忠誠。

許多公司在應徵新員工的時候，關注的總是「你有什麼能力」、「你可以勝任什麼工作」、「你有什麼特長」之類關於能力的問題，很少關注「你可以融入我們公司的文化嗎」、「你認同我們公司的理念嗎」、「你如何理解對公司的熱愛」之類關於忠誠的問題。

我們應該正確認識「人才」的含義。人才應該分為兩種：一種是社會人才，這種人有能力有才華，從各種指標上看都是人才；一種是企業人才，可以為所在的企業創造巨大的價值。社會人才和企業人才不能簡單地畫上等號，如果一個企業的文化無法同化一個從社會上應徵的人，這個人就無法成為「自己人」，最終無法為企業所用。

主管們在分配工作的時候，也會無意識地犯下類似的錯誤：過分強調下屬「可以做什麼」，忽視下屬「願意做什麼」。

一個員工的能力再強，如果不願意付出，就無法為企業創造價值；一個願意為企業全心付出的員工，即使能力稍遜一籌，也可以創造巨大的價值。這就是我們經常說的「用B級人才做A級事情」，「用A級人才卻無法完成B級事情」。一個人是不是人才固然很關鍵，最關鍵的還是在於：這個人才是不是真正的「員工」。

單純強調能力的傾向是非常可怕的。在這個社會中，不乏具備優秀能力的人，他們憑藉自己的能力，可以通過很多公司的應徵審查。我們經常看到這樣的商業報導：某公司的技術開發人員把公司的技術機密洩露給競爭對手；某公司的戰略策劃人員把公司的市場開發計畫帶到另一家公司……這些事情之所以發生，就是因為事件的主角能力有餘而忠誠不足。正如士兵不忠誠可能危及國家安全，員工不忠誠可能危及企業生存。

忠誠勝於能力，不是對能力的否定。一個只有忠誠卻沒有能力的人，是無用之人。忠誠，必須用業績來證明，而不是口頭上的效忠，業績又要依靠能力去創造。

許多老闆有兩個用人標準：能力和品格。沒有能力，難以勝任具體的工作，更重要的是員工的品格，沒有這個前提和基礎，能力在為公司帶來利益的同時，也有可能帶來危害。因此，兩者比較起來，後者對於公司的意義更大。

老闆不在的時候，正是考驗一個員工的忠誠的時候。如果一個員工對公司和老闆都是忠誠的，即使能力一般，也可以獲得老闆的信任；即使工作偶爾出現疏漏和差錯，也可以得到老闆的原諒。但是，如果一個員工總是趁著老闆不在的時候偷懶或是推卸責任，缺乏對老闆和公司的忠誠，就會對他的職業生涯產生不利的影響。

敬業是值得推崇的品格

敬業才會出類拔萃，敬業是推銷員成為優秀推銷員必須具備的品格，把職業當作你生命的信仰，把敬業當作你永遠的習慣。

敬業的人出類拔萃

研究成功者身上的特質，會發現他們有一個最大的特點：敬業。他們的身上有一種強烈的敬業精神，而且他們的敬業精神在人生的各個方面表現出來，打電話也不例外。

只要拿起電話聽筒，無論通話的對方是誰都不重要，他們一定會認真對待，絕對不會敷衍了事。

「沒有最好，只有更好」，這是敬業員工的座右銘，也是值得我們永遠記住的格言。但是，很多員工因為養成輕視工作的習慣，對工作敷衍塞責，招致一生碌碌無為，所以無法出類拔萃。

在這個世界上，想要成就大事的人很多，願意把小事做好的人不多，敬業的人卻認為工作之中無小事。即使是最不起眼的事情，也要盡心盡力去完成，因為對大事的成功把握，來自於小事的順利完成。只有踏實地做好現在，才可以贏得未來。

做好你的本職工作，讓你的敬業指導自己完成工作，並且感染身邊的每個人。如果想要成功，就必須選擇敬業，敬業才可以讓你出類拔萃。

職業是你的信仰

老木匠已經六十歲了，決定放棄工作，回家享受天倫之樂，安度晚年。於是，他告訴老闆，想要離開自己從事一生的建築行業。老闆捨不得老木匠離開，因為老木匠是他最優秀的員工之一。他誠心地挽留，但是老木匠去意已決不為所動，最後老闆只能無奈地答應，但還是問他是否可以幫忙再蓋一座房子。礙於昔日情面，老木匠雖然萬般不願，還是點頭答應了。

在施工過程中，任誰都看得出來，老木匠的心思已經不在工作上，用料不復昔日的認真嚴格，做出的物品也全無往日的水準。所謂的敬業精神，在老木匠的身上已經不復存在。老闆看著老木匠蓋出的房子，惋惜地歎了一口氣，卻沒有說什麼。房子蓋好之後，老闆把房子的鑰匙交給老木匠，說：「這是你的房子，是我為你這麼多年認真工作而準備的禮物。」

老木匠呆住了，與此同時，眾人在他的臉上看到懊悔與羞愧的神情。老木匠這一生為別人蓋了數不清的房子，卻在職業生涯的最後，建造一座有生以來最粗製濫造的房子給自己當作禮物。

認真工作一輩子的老木匠，卻在最後犯了「晚節不保」的錯誤，讓人可歎。只有將自己的職業作為生命的信仰，才是真正掌握敬業的本質。

敬業，簡單地說，就是尊崇自己從事的職業；詳細地說，就是從業人員在特定的社會形態中，認真履行自己從事的社會事務，用恭敬嚴肅的態度對待自己的職業，在職業生活中盡職盡責、一絲不苟、兢兢業業、埋頭苦幹、任勞任怨。

想要做到敬業，首先要認識自己從事的職業的社會價值，樹立正確的職業觀念。無論哪種類型的職業，都是社會必需的，沒有高低貴賤之分，只有社會分工的不同。

土光敏夫曾經擔任日本著名企業東芝株式會社社長，他對員工要求非常嚴格。他告訴員工：「為了事業的人請來，為了薪水的人請走。」

只有為了共同事業的人聚集在一起才可以把事業做大，企業面臨困難的時候，他們才會同舟共濟。那些為薪水而來的人只重視企業給自己的待遇，如果企業面臨困難，他們就會立刻離開，重新尋找可以滿足自己物質要求的企業。

敬業精神是現代社會宣導的，也是所有企業生存必需的。任何一個公司都歡迎敬業員工的加入，同時也在給予現有員工必要的激勵，以使他們更敬業。

東芝可以發展成為世界知名的跨國企業，與它重視員工的敬業精神有不可分割的關係。作為職業人士，沒有理由不去瞭解什麼是敬業、怎樣去敬業的問題，瞭解敬業是發展職業的前提，敬業表現出來的積極主動、認真負責、一絲不苟的工作態度，就是職業人士應該具備的，它是成功的有力保障。

敬業的員工受到歡迎，是因為他們認識到敬業是一種使命，是一種責任精神的表現，這樣的員工會真正為公司的發展做出貢獻，也可以從工作中獲得樂趣和財富，進而更好地工作。

一個敬業的員工，會將敬業意識記在心中，實踐於行動中，做事積極主動、勤奮認真。這樣一來，不僅可以獲得更多珍貴的經驗和成就，也可以從工作中體會到快樂。

培養敬業精神

敬業精神是強者之所以成為強者的一個重要因素，也是由弱而強者應該具備的職業品格。如果你在工作上敬業，並且把敬業變成一種習慣，就會一輩子從中受益。

一個敬業的員工，可以從工作中學到比別人更多的經驗，即使以後從事不同的行業，豐富的經驗也可以為自己帶來幫助。因此，把敬業變成習慣的人，從事任何行業都容易成功。

短期來看，「敬業」是為了老闆，但是長期來看，「敬業」是為了自己。此外，敬業的人還可以得到其他意想不到的好處。

首先，容易受人尊重。就算工作績效不好，別人也不會責怪你，甚至還會受到你的影響。

其次，容易得到提拔。每個老闆都喜歡敬業的員工，因為員工的敬業可以減輕老闆的工作壓力。如果你敬業，老闆就會對你放心，也會將你視為「骨幹」和「中堅」。

現代社會中，由於經濟高速發展，工作機會很多，但是不要以為到處都有機會，對目前的工作漫不經心。每個職場人士，都應該磨練和培養自己的敬業精神，因為無論我們將來從事什麼行業，敬業精神都是我們走向成功的最寶貴的財富。

在老闆和客戶之間生存

推銷員處在老闆和客戶的夾縫中，如何在老闆和客戶的夾縫中找到自己的位置，需要用事實說話，幫助客戶選擇最適合他們的商品，還要讓自己的老闆滿意。

對客戶來說，最適合的才是最好的

在老闆和客戶之間，既要忠於自己的老闆，還要忠於自己的客戶，只有如實介紹產品的優點和缺點，才可以成為這兩個上帝的忠實僕人。如果只服務於一個上帝，最後就會落入失敗的境地。如果客戶知道自己想要尋找一個具有某些特性的產品，例如：品牌、價格、顏色，你就會比較容易找出符合他需求的產品。但是，客戶不知道自己想要什麼的時候，你就要把握這個機會，將產品的特性和好處與他的需要做出配對。

大衛是一家油漆店的推銷員，他知道下列資料對於自己的客戶是何等重要。

客戶：「我需要這些油漆，每種顏色各要兩桶。」

大衛：「我可以立刻替你把它們調好，你想要什麼固色劑？」

客戶：「我不知道，有什麼可以選擇？」

大衛：「請你告訴我，你要將油漆刷什麼東西，然後我們就從那裡著手。」

客戶：「黃色是廚房用，藍色是客廳用。」

大衛：「我建議廚房用帶有光澤的油漆，因為它可以形成比較硬的漆面，讓你更容易清洗爐具及其他被濺汙的地方。至於客廳方面，是普通的家用起居室，還是要用來招待客人？」

客戶：「要用來招待客人，我們另有一間自己的起居室。」

大衛：「我建議你用淺薄的油漆，因為看起來感覺比較柔和。雖然不可以經常清洗，但是對於你的客廳來說，應該不是什麼問題。」

客戶：「好吧！立刻替我把這些油漆調好。以後我要翻修浴室的時候，或許你可以再給我一些建議。」

大衛憑藉自己的專業知識，以及為客戶提供最適合客戶產品的服務，為自己以後的推銷工作鋪平道路。

某些對一個客戶非常重要的產品特性和好處，可能對另一個客戶而言卻無關痛癢，例如：一張耐用、防鏽的桌子，對於一個有小孩的家庭來說，是一項重要的家具特性；但是，對於一個沒有小孩的家庭來說，那種特性意義卻不大。**所以，運用開放式的提問去找出客戶的需求，成為我們工作的一個重要環節。**客戶向你說明他的需求的時候，就要立刻思考什麼產品的特性可以與那些需求互相配合，不要浪費時間跟客戶討論一些對他不重要的事情。

利用「誰」、「什麼」、「哪裡」、「何時」、「怎麼樣」、「為什麼」來提問客戶，他們給你的回應就會比單純回答「是」或「否」提供更多的訊息。

如果你可以提供可以幫助客戶做出最佳選擇的訊息，他們就會非常感激你。舉一個例子：客戶未必知道不同的油漆（特性）會帶來不同的效果（好處）。

讓自己公司的人滿意

推銷員的客戶不只包括經銷商和消費者，也包括自己公司的員工和股東，在滿足經銷商、消費者需要的同時，也要最大限度地讓自己的公司滿意。

推銷是為「滿足顧客和創造市場」而存在，過去的推銷只專注於滿足經銷商和消費者的需要，忽略員工和股東的利益。事實上，員工和股東的重要性不亞於經銷商和消費者。

企業生產的商品或服務，如果員工和股東不願意購買，如何推銷給經銷商和消費者？因此，員工和股東的滿意應該優先於經銷商和消費者。可是很多公司的員工和股東，不願意和公司形成榮辱與共、唇齒相依的命運共同體，他們寧願購買競爭者的產品，也不會購買自己公司的產品。

最根本的補救方法，就是改變對待員工和股東的態度，將這些人當作客戶，使其成為最忠誠的消費者，有這些滿意的客戶作為基礎，才可以創造更多、更大的市場。

所以，未來的推銷，無論推銷的是產品或服務，對於顧客的定義，不可以局限於外部的經銷商和消費者，公司的員工和股東也應該一視同仁。日本東京首屈一指的大倉飯店，被《Institutional investor》雜誌評選為全球十大飯店之一。飯店的服務以精緻入微著稱，其視員工為客戶的企業文化，是凝聚員工向心力和敬業心的主要動力，例如：員工餐廳的設備不亞於客戶使用的餐廳，光線明亮，裝潢典雅，還有二十五位專屬的廚師。員工用餐的時候，不僅可以欣賞優美的音樂，也可以獲得與客戶相同的美食與服務品質。員工的自尊心和榮譽感在這種環境和氣氛中獲得提升，使他們樂於為客戶服務。

許多企業致力於將商品或服務變成「客戶的第一選擇」，但是在成為「客戶的第一選擇」之前，更應該思考如何成為「員工和股東」的第一選擇。

企業的價值，不是在於它擁有多少客戶，而是在於客戶對企業的看法和評價。如果員工和股東對企業抱持負面的看法和評價，企業還有什麼價值可言？

不放棄萬分之一的成功機會

在我們的人生中，很多時候會面臨這樣的情況：成功的希望非常渺小，你甚至對它不抱持任何奢望，是就此放棄還是繼續努力，就在一念之間。

只要事情是正確的、是應該做的，是為了你的人生理想而不可缺少的，就應該全力以赴去做。

有一個小夥子想要在聖誕節之前趕到紐約，妻子幫他買票，售票員卻告訴她：「很抱歉，沒有票了，而且有人退票的希望只有萬分之一。」於是，妻子失望地回家，告訴他發生的一切，卻沒想到，聽了妻子的話以後，小夥子立刻收拾自己的行李，準備出發。看到妻子很疑惑，小夥子這樣說：「我去碰運氣，如果沒有人退票，就當作是提著行李去散步。」小夥子在車站裡一直等待，直到開車以前的三分鐘，終於等到一位女士因為自己的孩子生病無法出行而退票，他也因此踏上前往紐約的列車。

這個小夥子就是美國百貨業鉅子甘布士，他回顧自己在創業上的成功經驗的時候說：「我之所以成功，是因為我抓住萬分之一的希望。別人以為我是傻瓜，其實這正是我與眾不同的地方。」

生活中，我們缺少的就是這種堅持。希望的事情沒有做成以後就放棄了，傷心，失落，甚至抱怨，覺得上天對自己不公平。甘布士之所以成功，就是在於他沒有抱怨，而是懷著萬分之一的希望去努力，所以他不僅取得車票，也贏得事業上的成功。

一個二十三歲的女孩，除了有豐富的想像力之外，與別人相比沒有什麼不同：平常的父母，平常的相貌，讀的也是平常的大學。

大學的寬鬆環境讓她有更多的時間去想像，她的腦海中經常會出現童話中的情景：穿著白衣裙的美麗女孩、蔚藍的天空、碧綠的草地，還有巫婆和魔鬼……他們之間有許多離奇的故事。她經常把這些想法寫下來，並且樂此不疲。

在大學裡，她愛上一個男孩，他的舉止和言談和童話裡一樣。他是她想像中的「白馬王子」，她很愛他。但是，他無法忍受她的腦海中那些不切實際的想法。她會在約會的時候，突然對他講述一個自己想到的童話，他煩透了這樣的遠離人間煙火的故事。他對她說：「你已經二十三歲了，但是你看起來永遠長不大。」他棄她而去。

失戀的打擊，沒有停止她的夢想和寫作。二十五歲那年，她帶著一些憂傷和改變生活環境的想法，來到她嚮往的具有浪漫色彩的葡萄牙。在那裡，她很快找到一份英語教師的工作，業餘時間繼續寫她的童話。

一位記者走進她的生活，他幽默風趣，而且才華橫溢。她愛上他，並且很快步入婚姻的殿堂。但是，她的奇思異想同樣讓他苦不堪言，他開始和其他女孩來往。不久，他們的婚姻走到盡頭，他留給她一個女兒。

她遭受生命中最沉重的打擊。禍不單行的是，離婚不久，她又被學校解聘。無法在葡萄牙立足的她，只能回到自己的故鄉，依靠領取社會救濟金和親友的資助生活。

然而，她還是沒有停止寫作。現在，她的要求很低，只是把這些童話故事說給女兒聽。

有一次，她在英國搭乘地鐵，坐在冰冷的椅子上等待誤點的地鐵到來，一個人物造型突然湧上心頭。回家以後，她鋪開稿紙，多年的生活閱歷讓她的靈感和創作熱情一發不可收拾。

她的長篇童話《哈利波特》問世了，不看好這本書的出版商出版這本書，沒想到，上市以後暢銷全國，達到數百萬之巨，所有人都為此感到驚訝。

她的名字是喬安娜・凱薩琳・羅琳，榮登「英國在職婦女收入榜」之首，被美國著名的《富比士》雜誌列入「一百位全球最有權力的名人」，名列第二十五位。

羅琳可能曾經幻想自己有一天可以得到讀者的認同，但是這樣的希望，就連萬分之一也不到。但是她依然在堅持，從來不放棄寫作這個夢想，最後她做到了。我們在讀《哈利波特》的時候，更要讀到的是這位偉大的作家身上具有的全力以赴追求夢想的精神。

單純地堅持理想，只要還在努力就有希望。為了萬分之一的希望，用一顆純粹的心，忽略來自外界的各種干擾，這只有優秀的人才可以做到。

信念的強弱，決定成功機率的大小

在很多人看來，信念就是所謂的一些信條，只能在口中說說而已。這其實是非常錯誤的想法。信念實際上是一種指導原則和信仰，可以讓我們瞭解人生的意義和方向。信念像指南針和地圖，指引我們去實現自己的人生目標；信念像一張已經安置好的濾網，過濾我們看到的世界；信念像頭腦的指揮中樞，指揮我們的頭腦依照相信的去看待事情的變化。沒有信念的人，就像缺少馬達的汽艇，無法動彈。所以，在我們的一生中，必須有堅定不移的信念為行為做出指導，鼓舞我們去追求，激勵我們去創造自己想要的人生。

可以這麼說，信念是所有奇蹟的萌發點。堅強的自信，可以使平凡的人們做出驚人的事業。膽怯和意志不堅定的人，即使有出眾的才華、優良的天賦、高尚的性格，也終難成就偉大的事業。堅強的自信，就是偉大成功的泉源。無論才華大小、天資高低，成功都是取決於堅強的自信。相信可以做成的事情，一定可以成功；反之，不相信可以做成的事情，絕對不會成功。

一個人的成就，不會超出他自信所能達到的高度。如果拿破崙在率領軍隊越過阿爾卑斯山的時候，只是坐著說：「這件事情太困難了」，永遠不會越過那座高山。所以，無論做什麼事情，堅定不移的自信力，都是獲得成功最重要的因素。一個有堅強意志力的人，就會有無窮的力量。無論做什麼事情，都要有堅強的意志，堅信任何事情只有付出努力才可以獲得成功。

我們的意志力有極大的力量，它可以克服所有困難，無論經歷的時間有多長、付出的代價有多大，無堅不摧的意志力最終可以幫助我們到達成功的彼岸。一個可以控制自己意志力的人，就會擁有自我引導的偉大力量。這種巨大的力量，可以實現他的期待、達到他的目標。如果他的意志力堅強得跟鑽石一樣，並且以這種意志力引導自己朝著目標前進，他面對的所有困難都會迎刃而解。如果一個人用堅決的態度去實行自己的計畫，完全沒有「如果」、「或是」、「但是」、「可能」的念頭，他就是擁有強大的意志力，成功也必定會屬於他。

一九〇〇年七月，一位叫林德曼的精神病學專家獨自駕著一葉小舟駛進波濤洶湧的大西洋，他在進行一項歷史上從未有過的心理學試驗，準備付出的代價是自己的生命。

林德曼博士認為，一個人只要對自己抱持信心，就可以保持精神和身體的健康。當時，德國舉國上下都在注視他獨舟橫渡大西洋的冒險。已經先後有一百多位勇士相繼駕舟橫渡大西洋，結果均遭失敗，無人生還。林德曼博士認為，這些死難者不是從肉體上敗下陣來，主要是死於精神上的崩潰，死於恐懼和絕望。為了證明自己的觀點，他不顧親友們的反對，親自進行試驗。

在航行中，林德曼博士遇到難以想像的困難，多次瀕臨死亡，他的眼前甚至出現幻覺，運動感覺也處於麻木狀態，偶爾有絕望之感。但是只要產生這個念頭，他就會立刻大聲自責：「懦夫，你想要重蹈覆轍、葬身此地嗎？不，我一定可以成功！」生存的希望支持林德曼，最後他終於成功了。他在回顧成功的體會時說：「我從內心深處相信一定會成功，這個信念在艱難中與我自身融為一體，充滿周圍的每個細胞。」他的試驗顯示：只要對自己有信心、充滿希望，就可以戰勝困難取得成功。

林德曼博士之所以取得成功，正是因為他的心中對自己的夢想抱持強烈的信念，始終相信自己可以達成所願，於是吸引力就會依照其固有的法則，充分感應並且接收這種正面的強而有力的信號，並且集合所有的條件、環境、事物，解決他身邊所有的困難和無謂的干擾，將夢想的事物推送到他的面前。**偉大的黑人領袖馬丁·路德·金有一句名言：「勇敢地有信心地踏出第一步，不需要看到整個樓梯，只要踏出第一步。」**可見，信念是一個人的精神支柱，在你疲倦的時候，撫慰你的心靈，直到你獲得成功。你心中的信念越強，對於夢想發出的磁場就會越強大，成功就可以盡早地來到你的身邊。

俄國繪畫大師列賓曾經說：「沒有原則的人是無用的人，沒有信念的人是空虛的廢物。」一個人不怕能力不夠，就怕失去前進的信念。擁有信念的人，在某種意義上說，就是不可戰勝的人。信念的力量是如此強大，一個擁有信念的人煥發出來的力量，不下於九十九位只是心存興趣的人。基於我們的秘密法則，這種強而有力的信念可以使你「相信已經得到」，並且幫助你預先描繪你要求的事物的畫面，一切準備就緒之後，你所想的已經距離你不遠了。

走向成功的第一步，就是要在心中不斷地對自己的信念進行反覆正向的強化，使得其發散出最大的頻率，被整個宇宙接收。你可以把整個宇宙想像成阿拉丁神燈裡的神仙，只要他感應到你強烈的頻率，接收到你的要求，就會幫助你得到自己想要的東西，讓你如願以償，實現心中的夢想。可見，信念是所有成功的根源和原動力，只要堅定心中的信念，就有可能走向成功。

貨真價實的名譽，是持久的名譽

我們喜歡名譽，但是名譽來之不易，因為它產生於卓越，而卓越是稀有的。獲得名譽要兌現許多承諾，而且要透過做出許多事情來獲得。它如果來自高貴的出身和崇高的行為，就會具有威嚴氣象。貨真價實的名譽，是真正持久的名譽。

名譽是一種名字的威力、心理的權力，是一種純文化的力量。名譽使許多人認識並且記住某個人的名字，關注這個人的情況，確認他的不平常之處，並且誘使他們崇拜、敬佩、羨慕甚至仇視這個人。**名譽，是透過一個人的名字來改變人們的想法，操縱人們的心理，因此名譽是一種心理的權力。**

名譽經常成為地位和成就的孵化器，其影響力是驚人的。貝多芬最偉大的作品之一《第九號交響曲》在音樂之都維也納首演的時候，謝幕多達五次，國王登台露面的時候，謝幕也只有三次。貝多芬的音樂成就為他帶來的名譽更勝過君王的權威，他去世的時候，維也納的人們傾城而動，為他舉行隆重的葬禮。對於偉大的人物來說，名譽比很多事情更重要，甚至超出生命。

在一個人短暫的一生中，是默默無聞還是名垂青史，名譽扮演分水嶺的角色。只有名譽，才可以充分表現一個人的生命價值。名譽是不可代替的，錦衣玉食、華屋名車相伴的人，做出損害名譽的事情，一樣令人鄙夷。名譽是高於物質財富的一種無形財富。權力再大的人，如果不能造福社會，例如希特勒之流，只能遺臭萬年。可見，名譽又是高於有形權力的一種無形權力，它崇高無比，而且具有威嚴。

名譽容易保持，但是又會在你的失誤面前轟然倒塌。對人們來說，愛惜名譽應該如同愛惜自己。

有一個故事，可以說明名譽的重要性：

有一批接受深造即將成為建築師的年輕人，在一位鬢白如雪的教授帶領下，參觀一座剛落成卻要拆除的大樓。因為大樓的建築師接受賄賂，在設計方案中修改關於工程品質的許多資料……

爆破的炸藥正在填入水泥未乾的牆基，這座大樓就要被炸掉了，它帶來的損失將是建造大樓的數倍。這種情況讓在場的人全部被震撼了。

在美國馬里蘭州建築學院的畢業典禮上，著名的建築師法蘭克・洛伊・萊特在演講的時候說：「一座大樓就是一位建築師的名譽，這個名譽不會從天而降，必須來自一塊磚頭、一塊板材。什麼是一塊磚頭？那就是一塊實在的磚頭。什麼是一塊板材？那就是一塊真正的板材。這一切全部來自建築師的品格——正直高尚的品格！」

建築師設計的樓房，其品質和外觀就是建築師名譽的來源，失去這些，無論他得到多少財富，他的名譽就會毀於一旦，無法在這個行業中立足。

一個人活著的時候，可以盡情享用權力和財富，但是他死後，這一切不再任由他享有，不再屬於他。但是名譽不一樣，只要真正對社會和人類產生重大影響，就可以獲得巨大聲譽，這種聲譽自從獲得的第一天開始，就會一直屬於你，並且將會永遠屬於你。孔子離開人世已經有兩千多年，但是他在兩千多年中深受推崇，他的每個主要觀點，被許多學者、科學家、政治家、民眾反覆學習和討論。他活著的時候，人們知道他；他死後的兩千多年中，人們記住他。他雖然逝去兩千多年，精神卻永遠不滅。孔子的名譽穿越時空，至今依然有影響力。

名譽穩定以後，其魅力是潛移默化、深入人心的。**有一位名人曾經說：「名譽雖然不是德行的真正原則和標準，但是它距離德行的真正原則和標準是最近的。」**擁有名譽以後，我們的德行就會被升高到眾人崇敬的程度，那個時候我們會發現，原來自己的人格也可以如此美好和不凡。

第八章

我們一生的工作，就是認識自己

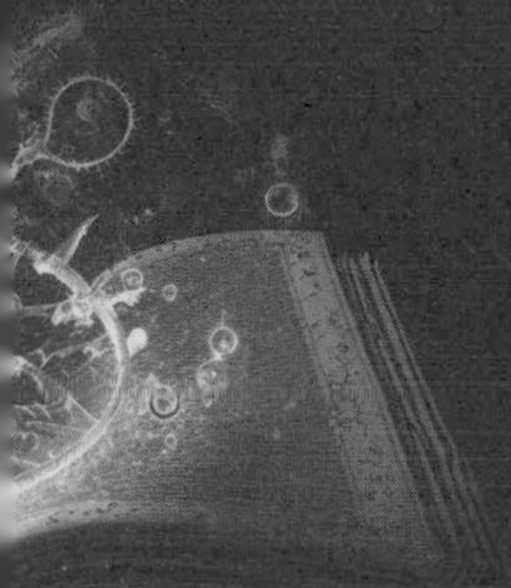

每天都有重新開始的機會

有人說：「要檢驗一個人的品格，可以看他失敗以後如何行動。」跌倒不算失敗，跌倒以後站不起來才是失敗。

有人問一個孩子，他是怎麼學會溜冰？那個孩子回答：「跌倒以後爬起來，爬起來再跌倒，反反覆覆，慢慢的，就不會跌倒，就可以學會溜冰了。」其實很簡單，跌倒之後，勇敢地站起來，就是給自己一個新的機會，就是讓自己重新開始。

每個人都有過去，甚至是非常痛苦、失望的傷心經歷。在我們的成長過程中，那些過往需要很長的時間才可以逐漸忘記。但是你有沒有想過，可以從中吸取經驗和教訓，避免下次重複出錯，而不是追悔感傷而沉浸於此。事情已經發生，局面已經形成，再也無法挽回，應該學會放下過去那些失敗和痛苦。今天，只要你願意，只要你給自己機會，就可以重新開始。明天，你會看見勝利就在前方，正在向你招手。

有一次，美國從事個性分析的專家羅伯特・菲利普在辦公室接待一個因為自己創辦的企業倒閉、負債累累、離開妻女到處流浪的流浪者。

那個人進門打招呼：「我來這裡，是想要見到這本書的作者。」說著，他從口袋中拿出一本羅伯特寫的書——《自信心》。流浪者繼續說：「昨天下午，我決定要跳下密西根湖自殺，命運之神卻在這個時候把這本書放入我的口袋中。本來，我已經看破一切，認為所有事物已經絕望，所有人包括上帝在內已經拋棄我。但是這本書，使我產生新的想法，為我帶來勇氣和希望，並且支持我度過昨天晚上。我已經下定決心，只要可以見到這本書的作者，他一定可以幫助我再度站起來。現在，我來了，我想要知道你可以替我這樣的人做什麼。」

在他說話的時候，羅伯特從頭到腳打量流浪者，發現他茫然的眼神、沮喪的皺紋、未刮的鬍鬚，以及緊張的神態，然後請他坐下來，要他把自己的故事完整地說出來。

聽完流浪者的故事，羅伯特想了想，說：「雖然我無法幫助你，但是如果你願意，我可以介紹你去見這座大樓的一個人，他可以讓你有重新開始的機會，幫助你賺回你損失的錢，並且幫助你東山再起。」羅伯特剛說完，他立刻跳起來，抓住羅伯特的手，說：「看在老天爺的份上，請帶我去見這個人。」

羅伯特拉著他的手，引導他來到進行個性分析的心理試驗室，和他站在一塊看起來像是掛在門口的窗簾布之前。羅伯特把窗簾布拉開，露出一面高大的鏡子，他可以從鏡子裡看到自己的全身。

羅伯特指著鏡子說：「就是這個人。在這個世界上，你隨時可以重新開始，只要你坐下來，徹底認識自己。你對這個人進行充分認識之前，他也許是一個沒有任何價值的廢物，但是你要把他當作一個陌生人重新認識，之後你就可以重新開始。」

他朝著鏡子走了幾步，用手摸著自己長滿鬍鬚的臉孔，對著鏡子裡的人從頭到腳看了幾分鐘，然後後退幾步，低下頭，開始哭泣。一會兒之後，羅伯特帶他走出電梯間，送他離去。

幾年以後，羅伯特在街上遇見這個人，他不再是一個流浪漢，西裝革履，步伐輕快有力，頭抬得很高，原本衰老、不安、緊張的姿態已經消失不見。他說，非常感謝羅伯特，讓他明白其實每天都可以重新開始。

有一句古老的猶太格言這樣說：「對於必然之事，輕快地加以接受。」道理很簡單：我們不再想那些已經過去的煩惱的事情，就可以節省精力，給自己一個機會、一個信心，創造一個更豐富的生活。如果你的內心沉溺在往事之中，在痛苦中掙扎、憂愁、恐慌，就像在擰麻花，兩股力量互不相讓，最終深陷泥沼的只有你自己。路是自己走出來的，選擇是自己做的，機會是自己給的，為什麼不選擇接受不可避免的錯誤和失敗，並且拋下它們往前走？

是的，在你失敗的時候，你會想像前方還有多少困難在等著自己，可是這只是你的想像，為什麼不對自己說前方是彩虹？失敗是對我們人格的考驗，在我們除了自己的生命以外，已經失去一切的情況下，潛在的力量到底還有多少？可是，你沒有勇氣繼續奮鬥、自認失敗，你所有的能力就會全部消失。只有毫無畏懼、勇往直前、不放棄責任的人，才可以在自己的生命裡有偉大的進展。每天都有機會讓你自己重新開始，你的彩虹是你自己創造的。

開放的花園最美，開放的人生最寬

有人說：心有多大，世界就有多大。心太小，裝的東西少，眼光淺，世界小，舞台就小；心越大，可以容下世界百態，眼光長遠，朋友多，可以做的事情更多；心越大，看待事物的格局越大。把眼光望遠一些，開放自我，就會走得更遠，可以看到和現在完全不同的景象。

有一位著名的企業家曾經說：「凡是系統，開放則生，封閉則死。」國家如此，社會如此，人類亦是如此。「開放」這個詞語，對於我們來說應該不陌生，所以對於這個詞語，我們的心中更有感受，更應該充滿感激。開放是這個時代的趨勢，時代的浪濤沖刷那些不開放的障礙，最後開放變得不可阻擋。

開放，是一種心態、一種個性、一種氣度、一種修養；是樂於承擔責任和接受挑戰；是具有極強的適應性，願意接受新的思想和經驗，可以迅速適應新的環境；是堅強，敢於面對任何否定和挫折，不畏懼失敗。只有開放自我，才可以熱愛創新，不墨守成規，不故步自封，不固執僵化；只有開放自我，才可以樂於和別人分享快樂，並且可以撫慰別人的痛苦與哀傷；只有開放自我，才可以勇於承認自己的不足，並且可以樂觀地接受別人的意見，而且非常喜歡和別人交流；只有開放自我，才可以對周圍的世界懷有強烈的興趣，喜歡鑽研和探索；只有開放自我，才可以正確地對待自己、別人、社會，以及周圍的事物。

人生是否開放，關鍵不是在於出身的高低，不是在於是否可以出國留學，而是在於心態。「海納百川，有容乃大」，一個對成功懷有強烈欲望的人，在追求卓越的過程中，心態必須開放。只要心態開放，就可以站得高，看得遠。只有開放的心態，才可以使我們持續進取、保持活力，不斷吸取知識，和團隊保持良好的互動。

可以超越別人的人，不一定可以超越自我；可以超越自我的人，才是真正的勝利者。開放的過程，是一個不斷超越自我的過程。只有不斷地超越自我，才可以體驗到真實的自我，體驗到實現自我價值的歡愉。原來，最大的敵人就是自己，是自己的怯懦阻止自己的開放。

有一條魚在很小的時候被捕上岸，漁夫看牠太小，而且很可愛，就把牠當作禮物送給女兒。女孩把牠放在一個魚缸裡。每天，這條魚游來游去，總是碰到魚缸的內壁，心裡有一種不愉快的感覺。

後來，魚越長越大，在魚缸裡幾乎無法轉身，女孩為牠換了更大的魚缸，牠又可以游來游去了。可是每次碰到魚缸的內壁，牠暢快的心情就會變得暗淡。牠有些討厭這種原地轉圈的生活，於是懸浮在水中，不游也不動，甚至不吃食物。

女孩看牠很可憐，就把牠放回海裡。

牠在海中不停地游著，心中卻一直不快樂。

一天，牠遇見另一條魚，那條魚問牠：「你看起來好像悶悶不樂？」

牠歎了一口氣，然後說：「這個魚缸太大了，我怎麼也游不到它的邊界，我實在無法適應這麼大的世界！」

我們是不是就像那條魚？

在我們的成長過程中，歲月流逝，我們接觸的人越來越多，視野越來越開闊。有一天，我們是否會到了一個更廣闊的空間，無法開放自我，狹小的內心變得無所適從，如果不能打破心中的界限，即使給我們一片海洋，也找不到自由的感覺。

不開放自我，不可能學會新東西，更不可能進步和成長。**在一個組織裡，最成功的人就是擁有開放胸懷的人，他們進步最快，人緣最好，最容易獲得成功的機會。**開放和超越的過程，就像一條蛇形的道路，反轉難測，盤旋延伸，我們就是在這條充滿希望的道路上追求自我、實現自我、超越自我。只有在不斷的超越中，才可以體驗到真實的自我，體驗到實現自我價值的歡愉。學習開放自我，讓內心更寬廣，隨時抹去窗櫺上的塵埃，讓陽光照進來，乘著陽光讓思緒飛翔，讓思想把希望點亮，你的心有多大，你就會走多遠！

做一個不想「如果」只想「如何」的人

在問題面前有兩種人：一種人不斷退縮，「我不行，我找不到好方法」；另一種人迎難而上，堅信如果有一千個問題，就會有一千零一個方法。後一種人永遠不會被問題難倒，總是可以找到適當的方法。

無論在生活還是在工作中，我們總會遇到許多問題。這些問題擋住我們的去路，使我們不敢繼續前行。也許我們努力了，但還是無法成功，於是許多人選擇放棄，並且安慰自己：算了吧，這是一個無法解決的問題，還是不要再浪費時間了。

但是，這些問題真的無法解決嗎？情況似乎不是這樣。

一位名叫康妮的女孩被美國全國汽車公司製造的一輛卡車撞倒，司機踩下煞車，卡車把康妮捲入車下，導致康妮被迫截去四肢，骨盆也被輾碎。康妮不知道自己是在路上滑倒跌入車下，還是被卡車捲入車下，馬格雷先生巧妙地利用各種證據，推翻當時幾個目擊者的證詞，康妮因此敗訴。

傷心而絕望的康妮向珍妮佛小姐求助，珍妮佛透過調查，瞭解汽車公司的卡車近年來的十五次車禍——原因完全相同，此款卡車的煞車系統有問題，緊急煞車的時候，車子後部會打轉，把受害者捲入車下。

珍妮佛對馬格雷說：「卡車煞車系統有問題，你隱瞞這個事實。我希望汽車公司拿出兩百萬美元給那個女孩，否則我們會提出告訴。」

馬格雷回答：「好吧，但是我明天要去倫敦，一個星期以後回來，屆時我們會進行研究，做出適當安排。」

一個星期以後，馬格雷卻沒有出現。珍妮佛覺得自己上當了，但是不知道為什麼上當，她的目光掃到日曆上——她恍然大悟，訴訟時效已經過了。珍妮佛怒氣沖沖地打電話給馬格雷，馬格雷在電話中得意揚揚地放聲大笑：「訴訟時效已經過了，誰也不能控告我們！希望你下次變得更聰明！」

珍妮佛幾乎要被氣瘋了，她問秘書：「準備這份案卷，需要多少時間？」

秘書回答：「需要三個小時。現在是下午一點，即使我們用最快的速度擬定文件，再找到一家律師事務所，由他們擬定一份新文件送到法院，那也來不及了。」

「時間！時間！該死的時間！」珍妮佛急得在屋中打轉。突然，一道靈光在她的腦海中閃現——全國汽車公司在美國各地都有分公司，為什麼不把起訴地點往西移？隔一個時區，就會差一個小時啊！

位於太平洋上的夏威夷在西十區，與紐約時間相差五個小時！對，就在夏威夷起訴！

珍妮佛贏得至關重要的幾個小時，她以雄辯的事實、催人淚下的語言，使陪審團的成員們深受感動。陪審團做出裁決：珍妮佛勝訴，全國汽車公司必須賠償康妮六百萬美元！

尋找解決問題的方法雖然不容易，但總是有方法，只要我們認真地思考。工作中的問題也是這樣，所以在工作中，如果我們遇到問題，就要堅持這樣的原則：努力尋找方法，而不是輕易放棄。

古希臘偉大的哲學家柏拉圖說：「思考的危機，決定一個人一生的危機。」同樣地，思考的失敗，也決定一個人一生的失敗。一個不善於思考「如何」只是思考「如果」的人，會遇到許多取捨不定的問題；相反地，做一個不想「如果」只想「如何」的人，可以讓自己更自如地應對危機與挫折。

相信自己的大腦，信任自己的智慧。任何問題都不會有山窮水盡之時，在可以補救之前不要絕望，冷靜地尋找對策。

在困境中尋找機會

困境是一所培養天才的學校，人生道路上的磨難可以成就輝煌的人生。逆風飛揚需要勇氣，必須隨時調整心態，積極地走出困境。

困境讓你更堅強

一九二九年，阿拉法特出生於開羅，父親是一個富商。阿拉法特的童年不幸福，四歲的時候母親病逝，他寄養在耶路撒冷的叔叔家中，四年以後才回到開羅。

心理學家認為，童年的經歷造就阿拉法特強烈的追求獨立性格。家庭的不幸，使他產生被拋棄、被背叛的感覺，他從小就知道：一切只能依靠自己。

阿拉法特的一生中，經歷過無數次危機。無論是在一九六六年被敘利亞以暗殺指控關進監獄，還是在一九八二年被以色列軍隊圍困在貝魯特地堡，阿拉法特都表現出絕地求生的能力。

面對比自己強大的對手，阿拉法特毫不畏懼，反而可以找到更大的滿足感，他會努力表現出在精神上勝過對方。在任何危急時刻，他都會充滿活力，表現出無所畏懼的勇氣。

他暴風驟雨般的人生中充滿坎坷，卻始終堅持自己的偉大目標——建立巴勒斯坦國家。每次遭受軍事上或是政治上的重創慘敗以後，他都會重新崛起。

困境對每個人而言，都是一種考驗。面對困境，不同的人會有不同的表現。勇敢地面對它，並且努力解決它，困境讓你更堅強。

磨難成就輝煌人生

深山裡有兩塊石頭，第一塊石頭對第二塊石頭說：「去經歷路途的艱難坎坷和世事的沉重打擊吧，不枉來此世一回。」

「不，何苦呢，」第二塊石頭嗤之以鼻，「安坐高處一覽眾山小，周圍花團錦簇，誰會那麼愚蠢地在享樂和磨難之間選擇後者？再說，路途的艱難坎坷會讓我粉身碎骨！」

然而，第一塊石頭還是隨著山溪滾湧而下，歷盡風雨以後，依然執著地在自己的路途上奔波。第二塊石頭譏諷地笑了，它在高山上享受安逸和幸福，享受周圍花草簇擁的暢意抒懷。

許多年以後，歷盡塵世之千錘百鍊的第一塊石頭和它的家族已經成為世間的珍品、石藝的奇葩，被千萬人讚美稱頌。第二塊石頭知道以後，感到有些後悔，想要進入世間風塵的洗禮中，得到像第一塊石頭那樣的成功和高貴，可是想到要經歷那麼多的坎坷和磨難，甚至滿目瘡痍、傷痕累累，還有粉身碎骨的危險，它又退縮了。

一天，人們為了更好地保存石藝的奇葩，準備修建一座精美別致、氣勢雄偉的博物館，建造材料全部用石頭。於是，他們來到高山上，把第二塊石頭打碎，給第一塊石頭蓋起房子。

孟子云：生於憂患，死於安樂。憂患和安逸都是一種生活方式，但是一個可以培育信念，一個只能播種平庸。

動物學家的實驗顯示，狼群的存在使羚羊變得強健。沒有狼群的威脅，羚羊會在舒適環境下變得脆弱，如果遭遇狼群，就會被吃掉。**這個現象同樣適用於人類——真正的人生需要磨難**。不瞭解人生艱辛的人，容易傲慢和驕縱；沒有嘗過人生苦難的人，無法承擔重任。

愛倫・坡是一位浪漫又神秘的天才詩人和小說家，他給後世留下很多不朽的著作，最膾炙人口的是《烏鴉》。

「那隻烏鴉總是不飛去，總是棲息著，總是棲息著，在我的房門上方那座蒼白的帕拉斯半身雕像上。牠眼中流露的神情，看起來就像是夢中的一個惡魔。在牠的頭頂上傾瀉的燈光，將牠的陰影投射在地板上。」

愛倫・坡將這首詩寫了又改，改了又寫，斷斷續續地寫了十年。然而，在當時的情況下，他卻被迫將它廉價出售，只得到十美元的稿費——相當於他一年的工作只有一美元。

歷史是公平的，當時只價值十美元的詩，後來原稿卻賣出幾萬美元。這樣一位天才詩人，一生都在窮困中度過，大多數時間付不起房租，儘管房子簡陋。他的妻子罹患肺結核，因為沒有錢尋醫問藥，只能終日纏綿病榻。他們沒有錢買食物，有時候，甚至很久沒有東西可以吃。車前草在院子裡開花的時候，他們會把它摘下來，用水煮熟以後當作食物，有一段時間幾乎每天如此。

積極心態幫你走出困境

挫折，是一面鏡子，可以照見人們的汙濁；挫折，是一條鞭子，可以使我們在抽打中清醒。挫折，會使我們冷靜地反省，正視自己的缺點，努力克服不足，以求獲得成功；挫折，會使我們仔細品味人生，反覆咀嚼人生甘苦，培養自身悟性，不斷完善自己；挫折，不是一束鮮花，而是一叢荊棘，鮮花令人怡情卻使我們失去警惕，荊棘讓人心悸卻使我們頭腦清醒。

面對挫折，不能喪志，必須調整自己的心態和情緒，校正人生的座標和航線，重新尋找和把握機會，找到自己的位置，發出耀眼的光芒。

有一個男孩在報紙上看到應徵啟事，正好是適合自己的工作。第二天早上，他準時前往應徵地點，發現應徵隊伍中已經有二十個男孩在排隊。

如果換成另一個意志薄弱的男孩，可能會因此而放棄。但是這個男孩卻完全不同，他認為自己應該認真思考，運用自己的智慧來解決問題。

他拿出一張紙，寫下幾行字，走到負責應徵的秘書面前，很有禮貌地說：「請你把這張紙交給老闆，這件事情很重要，謝謝你。」然後，他從容地走到第二十個男孩後面排隊。這位秘書對他的印象很深刻，因為他看起來神情愉悅，有一股強大的吸引力，令人難以忘記，所以她把這張紙交給老闆。

老闆打開紙條，看見上面寫著一句話：「先生，我是排在第二十一號的應徵者，請不要在見到我之前做出任何決定。」

可以預料到，最後的結果會是這個男孩被順利錄取。因此，不必害怕困境，只要調整心態，勇於迎接挑戰，憑藉實力來面對困境，積極地解決問題，任何困境都會成為我們成功的機會。此時，你也許會由衷地感激這些人生中的困境，正是因為它們的存在，讓你的人生充滿挑戰和機會，以及巨大的成功。

成為百萬富翁不是一種機會，而是一個選擇

如果你已經接受既定的事實，認為自己的人生已經沒有更多的機會，我們來看看你對收入的選擇：

選擇一：有一份穩定的工作和固定的收入。每天的生活很規律，沒有過多的陷阱，不需要冒險，可是不會有更多的機會。你被自己的工作限制了，不可能有更好的選擇，因為如果你偏離自己的軌道，這份讓你為之自豪的工作就無法保住。可以說明的是，你的生活還可以，至少比那些找不到工作而到處流浪的人更好。

選擇二：創業。很多人厭倦為別人工作而幻想尋找到一種新的刺激，也有人是帶著自己的夢想投入創業中。不可否認，這是一件十分危險的事情，因為你不知道會在哪裡遇到陷阱，也不知道什麼時候會賠得血本無歸，但是如果獲利，你也可能躋身於富翁的行列。

幾年以前，黛安娜因為找不到理想的工作，手中的資金又十分有限，就打算自己做生意。白手起家

對人生地不熟的黛安娜而言太困難，於是有人建議她購買現成的生意。

按照那個時候的行情來看，如果要買一家每個星期營業額五千美元的便利商店，大約需要三萬～四萬美元。可是黛安娜只有一萬美元，這些錢只能讓她找一家生意不好但是有發展潛力的商店。

不久，她就如願以償。黛安娜的眼光很獨到，認為一個生意是否有發展潛力，關鍵在於其生意不好是否因為經營不善所致。有些便利商店因為附近有強大的對手，所以營業額無法提升。有些商店因為品項不對路或是太陳舊，或是店面非常髒亂，造成生意不好，這幾類商店就有把生意做好的潛力。此外，有些商店處於正在發展中的地區，例如：附近正在建造新的住宅，也是將來營業額可能增加的因素。

經營一年半以後，黛安娜將自己的便利商店出售。當年，她買進這家商店的時候，每個星期的營業額只有一千多美元，經過整頓之後，賣出的時候，每個星期的營業額上升至三千五百美元，結果以四萬美元（不計存貨）賣出。在一年半的時間內，黛安娜賺了三萬多美元，而且在這一年半中，每個月還有一定的營業收入。

此事給黛安娜很大的啟發，她認為轉賣生意比自己經營生意更容易賺錢。接著，她又以三萬美元買進一家同樣性質的便利商店，兩年以後，以六萬美元賣出。期間，她用一萬美元在一個新開發的地區開了一家便利商店，一年多以後，又以四萬美元賣出。在八年之中，她總共轉手六家便利商店，取得的利潤很可觀。

黛安娜的經歷告訴我們，創業經常有很大的發展空間，如果眼光準確，很有可能從中獲得很大程度的提升，也可能累積很多的財富。但是，雖然做生意很容易累積財富，可是如果不謹慎，也會有一定的風險。如果不喜歡創業，是否還有其他的選擇？

選擇三：可以做自由撰稿人或是自由工作者。這樣的工作很自由，發展空間也很大，可是要具備相應的才華。

選擇四：融合。自己有一份穩定的工作，將部分積蓄拿出來與人合資做生意，可是這樣會很累，賺錢的空間也有限。

可能還有更多的選擇，可是每個選擇都有利弊，關鍵是我們要去做。

有時候，我們羨慕別人的成功，可是別人也是自己創造的。不是他們的機會好，而是他們知道怎樣在生活中及時做出選擇，並且怎樣將自己的選擇做到最好。**想要躋身於百萬富翁的行列，首先應該學會做出正確的選擇。**

你正在推，還是在拉成功之門？

喬治每天都在為找一個好工作而煩惱。有一天，他垂頭喪氣地回到宿舍，臉色比以往更差。同宿舍的人猜想，他一定發生很難過的事情，或是受到更大的挫折，才會變得如此憔悴。

果然，回到宿舍休息幾分鐘之後，他開始講述自己今天的經歷。原來，他收到一家公司的面試通知，上面寫著公司的地址和布局，甚至註明公司的大門是用很重的鋼鐵製成。這樣的大門通常不容易推開，所以面試人將這扇大門當作一道題目，聲稱如果可以將那扇大門推開的人，就會被公司錄用。

喬治看到通知以後興奮不已，因為他其他方面也許不行，但是比力氣的事情，誰也比不過他。可是，他到達那家公司以後，就不再高興了。因為那扇大門真的很難推開，他用盡所有的力氣，還是無法推開。

要是容易推開，就不會成為一道考題，他這樣安慰自己，於是他又嘗試第二次、第三次……已經不知道推了多少次，那扇大門還是絲毫不動，他徹底放棄了。

他把自己的經歷說給同學們聽的時候，同學們十分好奇那扇大門的構造，心裡想著：怎麼會有這樣的門？如果始終打不開，公司的員工怎樣走進去工作？此時，另一個同學傑森突然說：「你是按照通知上的規定做的嗎？你有沒有注意那扇大門上的細節，例如：它可能不是推的，而是拉的……」他的話立刻驚醒所有人。是的，通知可能只是掩人耳目，真正的考題可能就在對那扇大門描述的詞語上。

聽了同學們的猜測，喬治立刻跑到那家公司，想要再嘗試一次。結果，他輕輕一拉，那扇大門打開了，裡面的秘書笑盈盈地歡迎他的到來。

正如傑森所料，通知只是掩人耳目，那扇大門的把手上，寫著一個指甲大小的「拉」字。

你是否像喬治那樣，因為一個難題而煩惱不已？如果是，你有沒有想過，自己現在走的路，也許偏離成功的方向。也就是說，你可能置身於死地而渾然不知。停止推，開始拉吧！

成功的大門，永遠為你敞開。只要擁有對成功的渴望，並且在正確的方向上積極地行動，就有機會獲得成功的喜悅、品味成功的甘甜。可是，如果你一直在努力，卻走在與成功相反的道路上，你越是努力，越是偏離自己的夢想。

鳥槍打不過排射炮，合力才不可阻擋

古代的君主為了使臣民中的各種勢力不過分強大，進而威脅到君主統治，就會刺激各種勢力，使其互相爭鬥，藉以削弱其實力，維護統治。事實上，這只適用於和平的時期，如果有外患出現，內鬥就會成為一個國家的致命弱點，只有團結才可以抵禦外來的侵襲。對於現代社會來說，小到一個家庭，大到一個國家，團結是發展的前提，內鬥是退步的開始。

世界華人成功學第一人——陳安之總結歷代成功者的經驗，得出的「永恆成功法則」是：「勝利依靠別人，成功依靠團隊！」可見，團結是勝利的先決條件。

德國足球隊是世界上最優秀的足球隊之一，被譽為「德國戰車」，然而讓人驚訝的是，在這支傳統的優秀球隊裡，極少有個人技術超群的球星。和義大利、英國、巴西等國家的球隊相比，德國的球員顯得平凡而默默無聞，有些國家隊的球員竟然不是職業運動員。

然而，這不影響「德國戰車」的威力，他們經常在世界級的比賽中問鼎冠軍，擊敗義大利、巴西、英國、荷蘭等足球強隊，誰也不敢輕視「德國戰車」的威力，原因在哪裡？

一位世界著名的教練說：「在所有的球隊中，德國隊出錯最少，或是說，他們從來不會因為個人而出錯。從個別的球員來看，德國隊是脆弱的，可是他們的球員就像是由一個大腦控制，在足球場上，不是十一個人在比賽，而是一個巨人在比賽，對於其他球隊來說，那是非常可怕的。」

發揮團隊的最大力量——這就是德國隊制勝的秘訣，也是很多企業、組織、團體可以形成強大競爭力的關鍵。團結一致，力攻專一，同舟共濟，做到一榮俱榮、一損俱損，這樣的團隊在其可以發揮所長的領域裡，幾乎攻無不克、戰無不勝。

俗話說：「鳥槍打不過排射炮，沙粒擋不住洪水沖。」同樣地，團結激發的力量就是「排射炮」，可以形成一股合力，讓參與者充滿信心。團隊精神可以推動工作順利進行，促進團隊有效運作和發展，對團隊成員的團體意識具有強化作用，形成強大的內在凝聚力。

在團隊的驅使下，群體可以產生超越個體力量總和的能量。我們作為團隊中的一員，應該盡全力與別人配合，發揮自己的專長；作為一個團隊的領導者，更不能忘記隨時鼓勵下屬，隨時將其凝聚在自己的周圍。

第九章

被挑戰，是一種存在的榮耀

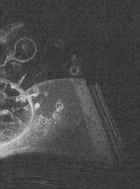

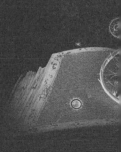

讓靈魂永保青春

我們一生中最重要的事情，就是讓靈魂永保青春，不要在身體衰老之前就老去。所以，保持靈魂的健康與昂揚，努力成為這樣的人：樸素、善良、嚴肅、高尚、不做作、溫柔可親、恪盡職責。什麼樣的人是上帝希望的那種人，就努力成為那樣的人。

人生短暫，我們在塵世的生命只有唯一的果實——虔誠的性格和仁愛的行為。無論做什麼事情，都要給靈魂給養，使它保持旺盛的生命力。如果可以如此，即使人生沒有創造出奇蹟，也會擁有屬於自己的精彩。

兩個小桶被吊在井口上。

一個小桶對另一個小桶說：「你看起來似乎悶悶不樂，有什麼不愉快的事情嗎？」

另一個小桶回答：「我經常在想，這真是一場徒勞，沒有什麼意思。經常是這樣，裝得滿滿的上去，又空著下來。每天都在虛度之中流逝，靈魂彷彿也逐漸地枯竭。」

第一個小桶說：「我不覺得如此。我一直這樣想：我們空空地來，裝得滿滿的回去，再將這些幸福送給別人分享，這是多麼地快樂！」

每一天，都並非虛度，如果你努力地向充實靠近；每一天，靈魂都會得到豐富，如果你不恣意縱容自我。在這個短暫的生命中，有許多需要選擇的事情，就在這些簡單的選擇中，我們的生命軌跡逐漸地成形。過早衰老還是保持年輕，都在我們的一念之間。

保持虔誠的精神和友善的行為，在生活中汲取營養，在貢獻中獲得快樂，這樣的清醒是多麼的難得。在清醒的時候，再看見那些關於衰老或是空虛的煩惱，就會像是在看一場夢，雲煙過眼，天朗風清。

珍惜生命中的每一天

浪費時間是生命中最大的錯誤，也是最具毀滅性的力量。浪費時間經常是絕望的開始，也是幸福生活的扼殺者……明天的幸福，就寄寓在今天的時間中。

浪費時間，等同於揮霍生命

海菲已經是當地很有名的推銷員，有時候會考慮一個問題：如何使自己的生命延長，如何增加人生的價值，創造更多的財富？於是，他大膽設想：假如今天是自己生命中的最後一天，我會怎麼辦？我要如何利用生命中的最後一天？

此時，他會在羊皮卷中尋求答案：

「這是我生命中的最後一天，是現實的永恆。我就像被赦免死刑的罪犯，用喜悅的淚水擁抱新生的一天。我舉起雙手，感謝這無比珍貴的一天。我想到昨天和我一起迎接朝陽的朋友，今天已經不復存在的時候，我為自己的倖存感謝上帝。我是十分幸運的人，今天的時光是額外的獎賞。許多成功者都先我而去，為什麼我得到這額外的一天？是不是因為他們已經功成名就，但是我還在旅途中行走？如果是這樣，這是不是成就我的一次機會，讓我功成名就？上帝的安排是否別具匠心？今天是不是我超越別人的機會？」

「對任何人而言，生命只有一次，人生只是時間的累積。我如果讓今天的時光流逝，就等於毀掉人生最後一頁。因此，我要倍加珍惜今天的分分秒秒，因為它們會如流水一去不復返。我無法把今天存入銀行，明天再來取用。時間像風一樣無法抓住。此刻的一分一秒，我要用雙手捧住，用愛心去撫摸，因為它們彌足珍貴。沒有人可以計算時間的價值，因此它們是無價之寶！」

看完這些，海菲心潮澎湃，他意識到時間的珍貴，開始珍惜此刻的分分秒秒，不浪費任何時光，抓住時間之手的他，也抓住人生的命脈，抓住人生的成功。

其實，每個成功者都如同海菲一樣，非常珍惜自己的時間。無論是老闆還是員工，一個做事有計畫的人，總是可以判斷自己的顧客在生意上的價值，如果有很多不必要的廢話，就會想出一個收場的方法。同時，他們不會在別人的上班時間，談論一些與工作無關的話題，因為這樣做是在妨礙別人的工作、浪費別人的生命。

在美國近代企業界裡，與別人接洽生意可以用最少時間產生最大效率的人，非金融大王摩根莫屬。

為了珍惜時間，他招致許多怨恨。

摩根每天上午九點三十分準時進入辦公室，下午五點回家。有人對摩根的資本進行計算以後宣稱，他每分鐘的收入是二十美元，但是摩根認為應該不止這些。所以，除了與生意上有特別關係的人商談以外，他與別人談話不會超過五分鐘。

摩根總是在一間很大的辦公室裡與許多員工一起工作，不是獨自待在房間裡工作。他會隨時指揮自己的員工，按照他的計畫去行事。如果你走進他那間辦公室，很容易見到他，但是如果你沒有重要的事情，他絕對不會歡迎你。

摩根可以輕易地判斷一個人來接洽的是什麼事情。你對他說話的時候，所有拐彎抹角的方法都會失去效力，他可以立刻瞭解你的真實意圖。這種卓越的判斷力，使摩根節省許多寶貴的時間。有些人沒有什麼重要事情需要接洽，只是想要找一個人聊天，耗費工作繁忙的人許多重要的時間，摩根對這種人簡直是恨之入骨。

一位作家在談到「浪費生命」的時候說：「如果一個人不爭分奪秒、惜時如金，就沒有奉行節儉的生活原則，也不會獲得巨大的成功。任何偉大的人，都會爭分奪秒、惜時如金。」

我們必須瞭解時間的寶貴，「光陰一去不復返」。無論做什麼職業，都要努力工作、刻苦經營。如果可以堅持這樣做，這種習慣就會給你帶來豐碩的成果。

歌德說：「你最適合站在哪裡，就應該站在哪裡。」這句話是對那些三心二意者的最佳忠告。

明智而節儉的人不會浪費時間，他們把所有的時間看作是不能浪費的珍貴財富，把自己的精力看作是上蒼賜予的珍貴禮物，它們如此神聖，絕對不能隨便地浪費。

世界上最大的浪費，就是把自己的精力分散在許多事情上。我們的時間有限、能力有限、資源有限，想要樣樣精通，絕對不可能做到。如果想要在某些方面取得成就，就要記住這個法則。

珍惜時間，使生命更珍貴

時間就是金錢，時間也是獨一無二的，對每個人來說，都是只有一次的寶貴資源。每個人的生命都是隨著時間的發展而發展，只有那些可以把握時間的人，才可以最早接近成功的終點。時間總是在不經意間悄悄溜走，如果不主動抓住它，它永遠不會停留。這個世界上，只有一種東西平等地屬於每個人，那就是時間。在時間面前，沒有高低貴賤之分。由於對時間利用的差異，才會有貧富貴賤的差別。

瑞士是世界上第一個實行電子戶籍卡的國家，只要有嬰兒出生，醫院就會立刻用電腦查看他是這個國家的第幾位成員，然後這個孩子就擁有自己的戶籍卡，在這個戶籍卡上，註明他的姓名、性別、出生日期、家庭地址等資訊。與其他國家不同的是，每個初生的孩子都有財產這個欄位，因為他們認為，孩子降臨到這個世界上，就是一筆偉大的財富。

一次，一個電腦駭客入侵瑞士的戶籍網路，他希望為自己在瑞士註冊一個虛擬的兒子。在填寫財產這個欄位的時候，他隨便打出一個數字——五萬瑞士法郎。

填完所有表格的時候，他感到非常滿意。但是他沒有想到自己認為天衣無縫的行動，在第二天就被發現了。

奇怪的是，發現這個可疑孩子的人，不是瑞士的戶籍管理人員，而是一位家庭主婦。

那位婦女在網路上為自己剛出生的女兒註冊，發現排在她前面的那個孩子的個人財產上寫的是五萬瑞士法郎，引起她的懷疑，因為所有的瑞士人在自己的孩子個人財產這個欄位上寫的都是「時間」。瑞士人認為，時間是孩子一生的財富。

所以，即使你出生在一個經濟拮据的家庭，只要你依然對生活抱持希望，你就是一個富有的人。

有些人用一生的時間追求權力和金錢，但是他們不再年輕的時候，才知道時間是自己最大的財富，擁有一切的時候卻發現自己變窮了，因為時間不會再回來，他們失去最初的財富。

人們說：時間就是金錢，這種說法低估時間的價值，時間比金錢更寶貴——通常如此。即使我們富可敵國，也無法為自己買下比任何人多一分鐘的時間。

許多偉人為什麼可以名垂千古，一個重要的原因就是他們非常珍惜時間。他們在有限的時間裡，爭分奪秒地為實現自己的目標不停地努力、奮鬥、進步。義大利文藝復興時期，幾乎所有的文學創作者都是勤奮工作的商人、醫生、政治家、法官、士兵。

一個男子走進富蘭克林的書店，拿起一本書問店員：「這本書要多少錢？」

「一美元。」店員回答。

「一美元？」那個徘徊良久的人驚呼，「太貴了，可以便宜一點嗎？」

「不能再便宜了，這本書寫得很好，就要一美元。」店員微笑著回答。

這個人又盯了那本書一會兒，然後問：「你們的老闆富蘭克林先生在店裡嗎？」

「在，」店員回答，「他正在印刷間。」

「很好，我想要見他。」這個男子說。

富蘭克林被店員叫出來，這個人揚了揚手中的書，又問：「富蘭克林先生，請問這本書的最低價是多少？」

「一・二美元。」富蘭克林斬釘截鐵地回答。

「一・二美元！怎麼可能？剛才你的店員說只要一美元。你怎麼可以這樣做？」

「沒錯，」富蘭克林說，「但是你耽誤我的寶貴時間，這個損失比一美元大得多。」

這個男子非常驚訝，但是為了盡快結束這場由自己引起的風波，他再次問：「是嗎，請你告訴我這本書的最低價好嗎？」

「一．五美元，」富蘭克林重複地說，「一．五美元！」

「這是怎麼了，剛才你自己不是說只要一．二美元嗎？」

「是的，」富蘭克林回答，「可是到現在，我因此耽誤的工作和損失的價值大於一．五美元。」

這個男子沉思一會兒，默不作聲地把錢放在櫃檯上，拿起那本書離開書店。因為他從富蘭克林的身上得到一個有益的教訓：從某種程度上說，時間就是財富，時間產生價值。

富蘭克林說：「如果想要成功，就要重視時間的價值。」浪費自己的時間是自殺，浪費別人的時間是謀財害命。

你可能沒有莫札特的音樂天賦，也沒有比爾．蓋茲那樣富有，但是有一樣東西，你擁有的和別人一樣多，那就是時間。每天，每個人都擁有二十四個小時，不同的是，有些人會有效地利用時間、合理地安排時間，從閒暇中找出時間。

人生，其實就是和時間賽跑，每個人都有可能是勝利者。只有不參加的人，才是失敗者。

做時間的主人

一天，時間管理專家為一群商學院的學生講課。

「我們來做一個測驗。」專家拿出一個瓶子放在桌上。隨後，他取出一堆拳頭大小的石塊，把它們放進瓶子裡，直到石塊高出瓶口，再也放不下了。他問：「瓶子滿了嗎？」所有的學生回答：「滿了。」他反問：「真的嗎？」說著，他從桌下取出一桶沙子，倒了一些進去，並且敲擊瓶子，使沙子填滿石塊的間隙。

「現在瓶子滿了嗎？」這一次，學生有些明白了，「可能還沒有。」一個學生回答。「很好！」他又從桌下拿出一桶沙子，把沙子倒進瓶子裡，沙子填滿石塊的所有間隙。他又一次問學生：「瓶子滿了嗎？」「沒有！」學生們大聲回答。然後，專家拿出一壺水倒進瓶子裡，直到水面與瓶口齊平。他看著學生，「這個例子說明什麼？」一個學生舉手發言：「它告訴我們：無論你的時間多麼緊湊，如果你繼續努力，還可以做更多的事情！」

「不，那不是它的寓意。」專家說，「這個例子告訴我們，如果不先把石塊放進瓶子裡，就再也無法把它們放進去。什麼是你生命中的『石塊』？你的信仰、學識、夢想？或是和我一樣，傳道授業解惑？記住，先處理這些『石塊』，否則就會遺憾終身。」

上帝是公平的，給每個人的時間一樣多，沒有誰比誰多一分鐘，沒有誰比誰少一分鐘。時間一樣多，但是人們的成就卻不同，為什麼？就是因為對於時間的態度和管理策略不同。

除了把大多數的時間和精力運用於重要的事情上以外，還要學會利用瑣碎時間。如果我們不善加利用，這些時間就會溜走；如果可以善加利用，產生的效果也是非常可觀的。

在時間的運用上，最忌諱的是缺乏事前計畫、臨時起意、想到哪裡就做到哪裡，這是最浪費時間的。

想要做時間的主人，還要有積極的時間觀念。

所有的事情必須制定完成的時間，才會迫使自己積極地掌握時間。事實上，不是時間不夠用，而是因為消極的心態讓你忽視時間的重要性。因此，想要改變自己的想法，就要用正確而積極的態度面對時間管理，要求自己限時完成，這樣才是有效率的工作。

時間是最容易取得的資源，因為容易取得，所以我們經常忽視它的存在而恣意浪費，這種習慣會降低我們生存的價值。我們可以毫無限制地讓時間溜走而不懂得把握嗎？如果自己沒有時間觀念，無法有效地管理自己的時間，成功就無從談起。

不要在拖延中蹉跎

「明天再說吧！」這句話似乎成為很多人的口頭禪。

很多人都有一個缺點：今天的事情放著不做，想要留到明天再做。其實，在拖延中耗費的時間和精力，實際上已經可以完成那件事情。

俗話說：「命運無常，良緣難再。」在我們的一生中，會遇到許多機會，如果你有拖延的壞習慣，就會錯失良機。

拖延是我們的敵人，甚至會造成悲慘的結局。

凱撒因為收到報告沒有立刻展讀，以致讓自己失去生命。

雇傭軍總指揮拉爾總督也是如此喪命的。一次，他正在玩紙牌，突然有人遞來一個報告：華盛頓的軍隊正在穿越德拉瓦河，要向這裡進攻。他將報告塞入衣袋中，牌局完畢，才展開閱讀。雖然他立刻調集軍隊，出發應戰，但是時間已經太遲了，結果是全軍被俘，自己也因此而戰死。只是幾分鐘的延遲，使他失去尊嚴、自由、生命。

為什麼我們總是要把事情拖延到明天再做？

我們欺騙自己，要自己相信以後還有更多的時間。

我們拖延工作的原因在於：它們似乎是令人不愉快的、困難的、冗長的。不幸的是：我們越是拖延，越會讓自己不愉快。

「明日復明日，明日何其多！我生待明日，萬事成蹉跎。世人若被明日累，春去秋來老將至。朝看水東流，暮看日西墜，百年明日能幾何？請君聽我《明日歌》。」這是明朝詩人對喜歡拖延時間的人的忠告。

很多人喜歡拖延，是因為他們不瞭解一個道理：許多事情在心情愉快或是熱情高漲的時候可以輕鬆完成，但是如果被推遲幾天或是幾個星期之後，就會變成苦不堪言的負擔。

因此，我們要迅速地處理事情，由此也可以避免做事的乏味和無趣。不要拖延，因為拖延通常表示逃避，其結果就是不了了之。

做事就像春天播種一樣，如果沒有在適當的季節行動，以後不可能有所收穫。無論夏天有多長，也無法將春天被耽擱的事情加以完成。

恪守時間是工作的靈魂和精髓，同時也代表明智與信用。

在著名商人阿蒙斯・勞倫斯從事商業活動的最初七年裡，他從來不允許任何一張單據到星期日還沒有處理。因為，商業界的人士都知道，商業活動中的某些重要時刻，會決定以後幾年的業務發展狀況。如果你晚了幾個小時到銀行，票據可能會被拒收，你借貸的信用就會蕩然無存。

做事不拖延，會讓人們對你產生信任，為自己帶來美好的名聲。它就像在顯示，你的生活和工作是有條不紊的，使別人相信你可以出色地完成任務。

「一寸光陰一寸金，寸金難買寸光陰。」失去寸金尚可買，失去光陰何處尋？時間對每個人都是一樣的，所以不要再拖延，最後讓自己在拖延中蹉跎一生。

懂得感恩的人拒絕抱怨

我們曾經在感恩節的晚餐桌前表達無數的感謝，但是你是否曾經感謝上帝，沒有讓你變成一隻火雞？

感恩節前幾天，波士頓一家幼稚園的老師在課堂上向孩子們提出一個問題。

「感恩節快到了，孩子們，你們是否可以告訴我，你們將要感謝什麼？」老師讓孩子們思考一會兒，然後開始點名。

「琳達，你要感謝什麼？」

「我的媽媽每天很早起床為我做早餐，我在感恩節那天，一定要感謝她。」

「嗯，很好。彼得，你呢？」

「我的爸爸今年教會我打棒球，所以我想要感謝他。」

「嗯，你會打棒球了，很好！瑪麗。」

「無論是上學還是放學，學校的警衛總是微笑地看著我們進出校門。雖然他自己很孤單，沒有多少人關心他，但是他卻把關懷的微笑送給每個孩子。我要在感恩節那天，送一束花給他。」

「很好！傑克，輪到你了。」老師微笑地看著前排的男孩。

「我們每年感恩節都要吃火雞，大大的火雞，肥肥的火雞，我們非常喜歡吃火雞。我們只是大口地吃火雞，卻從來沒有想過火雞是多麼的可憐。感恩節那天，會有多少隻火雞被殺掉呀……」

「是否可以簡短一些？我覺得你離題了，傑克。」

傑克向四周望了一眼，開心地說：「我要感謝上帝，沒有讓我變成一隻火雞。」

不知道這位老師對傑克的答案是否滿意，但是讀完這個故事以後，我們是不是應該在心裡由衷地感謝上帝，沒有讓自己變成一隻火雞？

快樂是如此簡單的一件事情，只要懂得感恩，拋下所有雜念，美好的事物就會觸手可及。有一顆感恩的心，會讓我們生活的世界多一些寬容與理解、少一些指責與推諉，多一些和諧與溫暖、少一些爭吵與冷漠，多一些真誠與團結、少一些欺騙與渙散……

一個不知道感恩的人，只會向別人索取而不知道給予，自己的索取無法得到滿足的時候，就會開始抱怨。這種自私的人，從來無法體會到簡單的幸福，無法體會到相互給予的快樂，以及由自身為別人製造的快樂中延伸而至的幸福。

如果你有一顆感恩的心，就會對自己遇到的所有事物抱持感激的態度，這樣的態度可以使你消除怨氣。你的一天甚至你的一生，就可以在這種感恩的心情中度過，你還有什麼不幸福的？

人生的低谷是一面鏡子

山有峰巔，也有低谷；水有平緩，也有漩渦。人生之路也是一樣，撲朔迷離，充滿坎坷……靜坐燈下，經常暗自思忖，生活就像浩渺的大海，有落潮的無奈，也有漲潮的欣慰；生活也像一碗百味湯，酸甜苦辣溶於其中，個中滋味品後才知。人生不如意事十之八九，有悲有喜，有起有落，既有成功以後的喜悅，也有失敗以後的痛苦。面對短暫的人生，我們要學會面對磨難，不要錯過人生的失意時刻。生命之神把你拋入谷底的時候，也是你人生騰飛的最佳時機。調整自己的心情，走出人生的低谷，就會發現迎接自己的是一片湛藍的天空！

有人說：「低谷自有低谷的風景。」**低谷是一種美妙的人生品味，它教會我們希望、忍耐、奮鬥。**低谷的風景憂鬱而美麗，可以使我們變得對生活更執著、更沉著、更熱烈，更可以使我們成功以後回味無窮。

人生的低谷更像是一面鏡子，可以使我們審視人生、重新認識自己。我們走出低谷的時候，就會變得更成熟、堅強、理性。以前的經歷是以後的經驗，只有經歷真正的痛苦，在往後的人生道路上，才可以謹言慎行，正確掌握自己。

人生的低谷是鍛鍊意志的搖籃，處於低谷的時候，我們必須承受來自各個方面的壓力，然後告訴自己，所有事物都會重新開始。

「生活是一面鏡子，你對它笑，它就會對你笑；你對它哭，它也會對你哭。」生活是一面鏡子，照出五彩的生活，也照出人性的美醜和真假！

處於人生的低谷，首先要有一顆向上的心，就像朝陽而不是夕陽。

從低谷走到平地比從平地攀上高山容易，只要有堅定的信念，就可以戰勝一切。所以，我們應該重新揚起自信的風帆，用力地搖槳，向成功的彼岸出發。

上帝關上一扇門的同時，會為你打開一扇窗，仔細尋找任何可以幫助自己走出困境的工具，不要放棄任何成功的希望。車到山前必有路，記住：你可以走進來，就可以走出去。

拔除自己心中的衝動之苗

偉人不會有什麼想法就立刻為之動心，他們總是自我檢討，這始於自知之明。然而，有些人天生疏狂，總是以個性行事，風吹草動都會影響其情緒變化。由於受到情緒的影響，他們做事的時候總是自相矛盾，被欲望控制。**無論何時，我們都要讓思考與反省壓制自己的激情，首先控制自己的情緒，然後懂得制怒之法。**

自制力說起來容易，做起來困難。想要拔除自己心中的衝動之苗，首先應該有自知之明，知道自己是一個輕浮或浮躁的人。如果沒有自知之明，就會受到自己的情緒影響，做出不經大腦的蠢事，美國著名的巴頓將軍曾經犯下這樣致命的錯誤。

第二次世界大戰時期，巴頓將軍某日來到前線醫院看望傷患。他走到一個士兵的床前，這個士兵正在哭泣。

巴頓將軍問：「為什麼哭泣？」士兵回答：「我的耳朵不好。」

巴頓將軍又問：「你說什麼？」士兵回答：「我的耳朵不好，聽不見炮聲。」巴頓將軍大發雷霆：「對於你的耳朵，我無能為力，但你是一個膽小鬼，你是混蛋！」之後，他依然難以洩恨，又給了這個士兵一個耳光，喊道：「我不允許一個膽小鬼在我們這些勇敢的戰士面前哭泣。」接著，他大聲對醫務人員說：「你們以後不能收容這種膽小鬼，他們一點事情也沒有，我不允許這種沒有男子氣概的膽小鬼在醫院裡佔位置。」

巴頓將軍轉頭又對士兵吼道：「你必須上前線，你可能被打死，但是你必須上前線！如果你不去，我會命令其他士兵槍斃你。說實話，我想要親手槍斃你。」

這件事情很快被披露，在美國國內引起強烈的反彈。許多母親要求將巴頓撤職，有一個人權團體要求對巴頓進行軍法審判。儘管後來馬歇爾將軍從大局出發，巧妙地化解這件事情，但巴頓還是因為打罵士兵而聲名狼藉。這種輕率浮躁的作風以及政治上的偏見，為他日後被撤職埋下禍根。

如果巴頓可以和顏悅色地批評那個士兵，而不是暴跳如雷，他偉大的人生就可以減少一個汙點。輕易動怒，是損害名聲和身體的行為，明智者很少隨意宣洩自己憤怒的情緒。因為一些小事而與別人相爭，是愚蠢而不利的舉動，不僅危害自己，也會影響到別人。

沒有一種勝利比戰勝自己和自己的衝動情緒更偉大，因為這是一種意志的勝利。它是避免麻煩的明智之途，也是獲得別人尊重的途徑。**輕易動怒不會給我們帶來任何好處，忍耐和克制可以幫助我們獲得**

成功。

一〇七六年，德國皇帝亨利與教宗額我略七世爭權奪利，鬥爭日益激烈，發展到了勢不兩立的地步。亨利想要擺脫羅馬教廷的控制，教宗想要把亨利所有的權力剝奪殆盡。

亨利首先發難，召集德國境內各個教區的主教們進行宗教會議，宣布廢除額我略七世的教宗職位。額我略七世針鋒相對，在羅馬拉特朗宮召開全基督教會的會議，宣布驅逐亨利出教，不僅要德國人反對亨利，也在其他國家掀起反亨利浪潮。

一時之間，德國內外反亨利力量聲勢震天，尤其是德國境內的封建主起兵造反，向亨利的王位發起挑戰。

面對危局被迫妥協的亨利，於一〇七七年一月，身穿破衣，騎著毛驢，冒著嚴寒，翻山越嶺，千里迢迢前往羅馬，向教宗懺悔請罪。

額我略七世故意不予理睬，在亨利到達之前，躲到遠離羅馬的卡諾莎行宮。無奈之下，亨利只能又前往卡諾莎拜見教宗。

教宗緊閉城堡大門，不讓亨利進來。為了保住皇帝寶座，亨利忍辱跪在城堡門前求饒。

當時，大雪紛飛，天寒地凍，身為帝王之尊的亨利屈膝脫帽，在雪地上跪了三天三夜，教宗才開門相迎，原諒他的罪過。

亨利恢復教籍、保住帝位、返回德國以後，集中精力整治內部，曾經危及他王位的反抗勢力被消滅。勢力穩固之後，他立刻發兵進攻羅馬，以報跪求之辱。在亨利的強兵面前，額我略七世棄城逃亡，客死異鄉。

聰明人經常為情所動，但是知道如何克制自己的激烈行為。憤怒會使我們失去理智，讓事情變得更糟糕。**克制自己的熱血沸騰，轉移憤怒爆發的方向，冷靜下來仔細思考，總結經驗和教訓，這就是制怒之法。**

第十章

讓自己進步，而不是和別人競爭

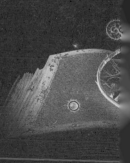

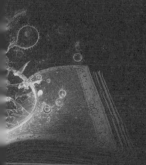

談論美好的事物，就是生活在美好之中

讓自己覺得幸福，是一件簡單的事情嗎？是的。因為我們的頭腦有自動篩選的功能，歲月過去之後，我們只會記得那些讓自己感動和高興的場景，尤其有人開始愉快地回憶過去曾經經歷的故事，我們會想到很多愉快的事情來補充。

美國記者約翰被派往一個發展中國家進行採訪，臨走的時候，主編告訴他，必須客觀地報導在那個國家發生的事情。

約翰來到這個正在飛速發展的國家，但是幾乎沒有認識新朋友。有一天，美國總部的編輯打電話給他，問他在忙什麼，他說：「你可以去我的網站看看，那些都是我在這裡的收穫。」

編輯在約翰的網站上看到的都是關於這個國家資源缺乏、環境破壞、社會潛在的危險、民族衝突的感想，然後留言給他：

「親愛的約翰，我看了你寫的每一篇文章，相信這些都是你冒著危險收集到的訊息。為此，我向你

表示敬意。但是我要說，在這個發展的國家裡，難道沒有任何值得你欣賞的事情嗎？據我所知，這個國家中絕大多數的人們還是生活在希望和幸福之中。你是否應該關注人們正在經歷什麼，這也是我們需要看到的。」

「而且，作為朋友，我要勸告你，多關注良善的方面，這樣也是在善待你自己。」

「多關注良善的方面，這樣也是在善待你自己。」這個編輯的勸告很有智慧。

如果窗外是一片陽光，你可以說：「多麼美好的早晨啊！」如果那天下雨，你可以說：「多麼美好的雨景啊！」讓自己的聲音可以傳到別人的耳朵裡，因為這是別人一天的心情基調。

不要覺得這樣做有些愚蠢，就算剛開始有些奇怪，卻是非常值得的。**想要擺脫不良的情緒，最簡單的方法就是說出愉快的話語。快樂的情緒會帶來更多的快樂，這是我們已經知道的吸引力法則。**

如果你覺得自己的人生中沒有這麼多值得想像的美好，那是因為你沒有看到這個宇宙的和諧與完美。我們與宇宙是和諧的一體，我們的生活中可以完全沒有競爭……這些正是我們值得感激和幸福的理由。

從容，讓你的選擇更準確

「我應該怎麼選擇？」填寫大學志願的時候，你不斷地在兩所學校之間猶豫，一個是知名大學，一個是自己嚮往已久的科系。

生活中，我們會面對許多選擇。此時，我們會像熱鍋上的螞蟻，最後急忙地做出決定，導致遺憾和後悔。所以，面對選擇的時候，一定要從容鎮定。

古羅馬有一個皇帝，經常派人觀察那些第二天就要被送上競技場與猛獸空手搏鬥的死刑犯，看他們在等待死亡的前一夜的表現。根據觀察者報告，在這些罪犯中，有人淒淒惶惶，有人泰然自若，前者整夜難眠，後者呼呼大睡而且面不改色。皇帝得知以後，吩咐屬下在第二天早上釋放呼呼大睡的人，將其訓練成帶兵打仗的猛將。

據傳，中國也有一個君王，接見新上任的臣子，總是故意叫他們在外面等待，遲遲不予理睬，再暗中觀察這些人的表現，對那些悠然自得、毫無焦躁之容的臣子刮目相看。

兩國皇帝採取類似的做法，其中確實蘊涵深刻的含義。

一個人的胸懷、氣度、風範，可以從細微之處表現出來。古羅馬的那位皇帝以及中國古代的那位君王，之所以對死囚或新臣委以重任，就是從他們細微的動作和神態中看到與眾不同的特質，看到處變不驚、遇事不亂的從容。

從容，是傲松之於嚴冬「大雪壓青松，青松挺且直」（陳毅《冬夜雜詠》）；從容，是義士之於刑枷「我自橫刀向天笑，去留肝膽兩崑崙」（譚嗣同《獄中題壁》）；從容，是智者之於聲色利誘「非淡泊無以明志，非寧靜無以致遠」（諸葛亮《誡子書》）。從容，是一種理性，一種堅忍，一種氣度，一種風範。從容，才可以臨危不亂；從容，才可以舉止若定；從容，才可以化險為夷。三國故事中，諸葛亮以空城計擊退司馬懿數十萬大軍，他過人的膽略和超常的鎮定被傳為千古佳話。從容地面對人生的選擇，不懼怕危難，才可以瞭解生存的真諦。

社會瞬息萬變而且誘惑四伏，在這樣的現實情境下，更需要我們保持平淡沉穩、從容自若的心態。遠離浮躁，從容選擇，縮小自我求得安寧，是一個現代人適應社會環境的基本要求。

選擇是一種偉大的力量，從容讓你的選擇更準確。

不要因為個性而傷害自己

在NBA的歷史中，曾經有一位特別的球星羅德曼，他的職業生涯雖然曾經輝煌，卻被自己的個性毀掉。在他的職業生涯中，先後效力過五支球隊——底特律活塞隊、聖安東尼奧馬刺隊、芝加哥公牛隊、洛杉磯湖人隊、達拉斯獨行俠隊。

一九八六～一九九三年，羅德曼在底特律活塞隊度過七個賽季：在蘭比爾等人的教導下，他雖然打球方式不夠光采，並且讓自己獲得「壞孩子」的稱號，但是他確實在盡最大的能力為球隊做出貢獻。「……我對當年的底特律活塞隊還是有特別的感情，我們擁有一切。對我而言，那支球隊相當的特別，因為那是我崛起的地方，也是我學習如何參與比賽的地方。」羅德曼曾經這樣感慨地回憶。所以，底特律活塞隊時期的羅德曼，是球隊團結穩定的重要因素。然而，一九九三年羅德曼效力馬刺隊的時候，事情發生改變了：他的特立獨行、唯我獨尊，讓馬刺隊吃盡了苦頭。

他把三種人看作是自己的敵人：首先是大衛・史騰——NBA的總裁。因為史騰要維護NBA的形象，不允許羅德曼為所欲為，對羅德曼的很多行為都會給予處罰。這讓羅德曼很不適應，他認為史騰干涉自己的自由，所以他要和史騰對抗。第二種人是馬刺隊當時的總教練希爾以及球隊總經理波波維奇。因為，他們希望馴服羅德曼，使羅德曼聽從指揮，在球場上發揮更大的作用。但是當時的羅德曼已經獲得兩個總冠軍，自視極高，他甚至希望教練聽從自己的指揮。第三種人是大衛・羅賓遜等球員。羅賓遜是馬刺隊的主要核心和精神領袖，薪資比羅德曼高出很多。但是羅德曼認為羅賓遜能力不足，在關鍵比賽中無法發揮實力，自己這種可以「影響」比賽勝負的選手卻不受重用，薪資與實力不成正比。但事實卻是，羅德曼無論在活塞隊，還是在馬刺隊，即使在公牛隊，他的薪資都不與他的名聲成正比。

由於這種個性，羅德曼成為球隊中的不安定因素，或者說是一個破壞者，不到教練面前聽講戰術……後來，馬刺隊輸掉那場比賽，攝影機一直對著這個破壞者。在一九九四～一九九五年季後賽的第二輪比賽中，馬刺隊對陣湖人隊。第三場比賽中，羅德曼在第二節被換下場，他非常不高興，在場邊脫掉球鞋，躺在記者席旁邊的球場底線前……暫停的時候，羅德曼也不站起來，球賽播出以後，馬刺隊的管理階層非常憤怒，結合羅德曼平時的行為，他們認為羅德曼已經影響球隊的團結，於是決定對羅德曼禁賽。沒有羅德曼的馬刺隊，球員們團結一致，在後來的比賽中打敗湖人隊，報了一箭之仇。

從結果來看，馬刺隊對羅德曼禁賽的決策是正確的。羅德曼的個性使自己和團隊隔離，造成自己的球隊輸掉比賽。這種所謂的個性，其實是一種自私的「自我中心」。

在現實生活中，以自我為中心的人很常見，他們無法站在別人的立場上考慮問題。這種心態和行為會嚴重阻礙與別人的順暢交往，無法贏得別人的好感和信任，也會影響到自身的發展，最終給自己帶來嚴重的影響和傷害。

不是為了榮耀，而是為了精神

在阿爾卑斯山區，馬特洪峰孤獨地聳立著，它的冷傲讓它與其他山峰保持一段距離。嚮往高山的人們，總是想要征服它。但是由於陡峭的懸崖，多年以來，沒有人可以爬上神秘的山頂。

二十五歲的英國登山家愛德華·溫帕以及他的夥伴，在征服欲的支配下，組成一個七人登山隊，準備攀登神秘的馬特洪峰。這些勇敢的隊員共同做出決定，要成為攀登馬特洪峰的第一人。可是溫帕無法同往，他正在承受疾病的折磨，但是也因為如此，溫帕成為那支登山隊中唯一倖存的人。後來，溫帕在他的阿爾卑斯山的遊記中，描述這個震撼人心的事蹟。

雖然幾位登山者到了山頂，但是在下山的路上，因為失足而從一千多公尺的山上滑下來，安息在茫茫的山腹之中。

以溫帕和他的隊員第一次登上馬特洪峰來說，三天以後，著名的登山家卡雷爾和他的登山隊，也登上這個令人神往的峰頂。可以登上峰頂的榮耀，只是短暫地屬於他們。歌德說過一句話：「只有精神，沒有榮耀。」

第一個登上馬特洪峰的人付出慘重的代價，可是從此以後，登上雄偉的馬特洪峰再也不是難事，很多人都可以到峰頂觀賞風景，不必承擔任何風險。

現在，那些開拓者的故事逐漸遠去，可是人們的想法沒有改變。他們仍然想要開拓，想要打破所有不可能，直到實現自己的願望，否則就會堅持下去，奮鬥不止。

讓結果來驗證想法和做法

自己的想法與別人的想法不同的時候，不要害怕別人輕視的目光，應該努力實現自己的想法。只有這樣，才有機會讓事情發展的最後結果來證明自己是正確的還是錯誤的。

一家知名的飯店要應徵主廚，應徵啟事貼出去那天，就有很多報名的人，其中一個人從很多人之中脫穎而出。

應徵的程序是比賽處理螃蟹，這是一道很麻煩的程序，很多員工不願意做。可是這家飯店就是以螃蟹為特色，每天需要處理很多螃蟹。所以，在應徵的時候，老闆舉行一次處理螃蟹的比賽。

這個應徵者果然經驗豐富，處理的螃蟹又快又好，很快就佔了上風，最後以絕對的優勢勝出。按照飯店的規定，試用期是三天，三天以後還要帶著自己的屬下一起來比賽。這個應徵者信心十足，沒有任何的擔憂。

但是，就在他認為自己可以獲勝的時候，另一個應徵者笨拙地處理螃蟹的樣子，引發眾人的哄笑，人們不敢相信這樣笨拙的人竟然敢來應徵主廚的職務。但是，為了應徵工作可以順利進行，老闆還是把這個笨拙的人留下來，三天以後可以與那個優秀的人一起比賽。

三天很快過去了，比賽的時間到了，兩人各自帶著自己的屬下處理螃蟹。可是奇怪的是，優秀的人處理得很快，他的屬下卻處理得很慢。與之相反，笨拙的人雖然處理得不快，他的屬下卻處理得很快。

比賽的結果可想而知。這個時候，笨拙的人說：「人們都以為我做得很慢，其實我是故意讓他們的，因為如果一個領導者所有事情都可以做得很好，屬下就會失去信心，覺得自己無法超越。可是，如果領導者可以激發屬下的工作熱情，這麼多人的力量絕對可以超過一個人的力量。」

想法決定行動，思路引導實踐，但是只有結果可以檢驗想法是正確的還是錯誤的。我們在做出判斷的時候，都會有一定的自我期待，所以在推斷結果的時候，就會加入自己的主觀意識，希望事情可以依照自己的想法而發展。但是事情的發展經常存在很多偶然因素，無法在事情結束之前知道它是否會成功，所以只依靠自己的推測來預期結果是不可靠的。

生活總是會給我們意想不到的驚喜，所以不能只憑藉主觀上的判斷來推測事情的結果，應該不斷地行動，讓最終的結果來證實自己的想法是否正確。

第十一章

轉換困難，才可以戰勝困難

選擇就在你自己的手裡

智慧……健康……愉快的心境……很多人夢寐以求，**《最偉大的力量》向你揭示實現夢想的奧秘：選擇就在你自己的手裡。**在大自然看來，每個生命都是鮮活靈動的，不管是啼哭的嬰兒，還是繁茂的樹木，都在恣意地生長，他們有自己的力量，可以為自己做出選擇，因為選擇就在他們自己的手裡。

可是，有些人把這個權利交給別人，於是這樣的情形司空見慣：

「媽媽，我明天穿什麼衣服？」

「爸爸，我要學游泳，還是學跳舞？」

「你們幫我決定念哪所大學吧！」

這樣時間長了，很容易養成依賴別人的習慣，變得懶於思考，逐漸失去選擇的願望，選擇的能力更是無從培養。

「我不知道怎麼選擇！」

「我不敢選擇！」

「是否可以不選擇？」

選擇不是一件簡單的事情，不僅要為自己做出選擇，更要學會如何選擇，訣竅就是在於：不要因為別人的言論和判斷而束縛自己前進的步伐。任何時候，讓心靈做行動的嚮導，它會帶你去任何你想要去的地方。

伊芙琳．葛蘭妮是世界著名的打擊樂獨奏家，她曾經說：「從一開始我就決定：不要讓別人的觀點，阻擋我成為一位音樂家的熱情。」

葛蘭妮八歲的時候開始學習鋼琴，日子如流水般滑過，徜徉在音樂世界中的她毫無倦怠，她的熱情與日俱增。然而，不幸的事情發生了，她的聽力逐漸下降，醫生們斷定這是由於神經損傷造成的，而且這種損傷難以康復，並且斷言到十二歲的時候，她會徹底耳聾。雖然聽起來讓人震驚，但是她仍然執著地喜愛音樂。

她的理想是成為打擊樂獨奏家，當時沒有這種音樂家。為了演奏，她學會用不同的方法「聆聽」別人演奏音樂。她只穿著長襪演奏，這樣就可以透過身體和想像，感覺到每個音符的震動。她幾乎用自己所有的感官來感受整個聲音世界。

她決定成為一位音樂家，於是向倫敦著名的皇家音樂學院提出申請。她的演奏，征服所有的老師。

最後，她打破這個學校從來不收聽障學生的傳統，順利入學，並且在畢業的時候，獲得學院的最高榮譽獎。

從那以後，她致力於成為第一位專職的打擊樂獨奏家，並且為打擊樂獨奏譜寫和改編很多樂章。葛蘭妮一直堅持自己的選擇，甚至是醫生的診斷也無法阻止她，她終於成功了。她成為世界上第一位專職的打擊樂獨奏家，她為自己的選擇而感到驕傲。

我們就像生活在一個網狀的世界裡，遇到問題的時候，周圍就會充滿許多眼睛，無論是鼓勵關切的還是不屑質疑的，甚至是阻撓制止的，我們都應該明白：對於正確的選擇，一定要堅持到底，而且要像葛蘭妮一樣，毫無畏懼。

喚醒內心的種子

在《最偉大的力量》這本書中，馬丁・科赫向我們揭示一個真理：每個人都有巨大的力量，這就像是每個人的身體裡都潛伏著一粒種子，將來會長成巨人，爆發出驚人的力量。只是這粒種子隱匿在心靈深處，很多人沒有發現它，無法培育它長大。只有發現它，並且充分地運用它，生活才可以充滿歡樂，失敗也會變成一種幸運，膽怯才可以轉變為自信，絕望的生活也會變得趣味盎然，人生才可以變成你喜歡的模樣。

可是，你一定沒有想到，這種偉大的力量有多少次被我們觸摸到卻沒有被辨認出來？原因只是因為我們沒有看到它可以帶給我們的各種利益，沒有看到它萬能的、可以造成的影響。它就在我們的眼前，我們需要做的就是盡一切可能去認識它、運用它。

這種偉大的力量到底是什麼？

告訴你這個答案之前，先講述一個發生在非洲的故事：

一位探險家來到非洲的荒野中，他隨身帶去一些飾品，準備送給當地的土著。途中，探險家和自己的隨從們坐下來休息，一邊休息，一邊談論關於探險的事情。在探險家攜帶的禮物中有兩面鏡子，休息的時候，他吩咐隨從將鏡子分別靠放在兩棵樹上。

此時，一個土著人向鏡子走來，這個人手執長矛。沒有等到探險家們反應過來，只聽見一陣清脆的破裂聲。土著人看到鏡子中的自己，以為有人手執長矛要向他攻擊。

深感意外的探險家上前問這個土著人：「為什麼要擊碎鏡子？」

土著人不覺得內疚，反而理直氣壯，大聲地對探險家說：「既然他要殺我，我就要先下手殺他。」

探險家無奈地解釋，鏡子的用途不是在於此，並且帶他來到第二面鏡子前。他對土著人說：「你看，鏡子的用途是利用它，可以看到自己的頭髮是否梳直了，自己臉上的油彩的多少是否適合，自己的胸部有多麼強壯，肌肉有多麼發達。」

聽了探險家的話，土著人一臉茫然，不住地點頭。

如同故事中的土著人，很多人總是在與生活對抗，在生命的任何一個轉捩點上，他們認為會有一場戰鬥，情況也確實如此。對於許多沒有認識到這種偉大力量的人而言，事情的過去、現在、未來都是一樣的，這是因為這種偉大的力量是潛伏著的，是秘密的。**答案究竟是什麼？那就是：我們必須在生活中，充分理解生活。前提是我們要充分利用生活，做出必要的選擇。**

「需要什麼特殊的訓練嗎？」既然如此玄妙，很多人忍不住這樣想。

事實上並非如此，因為它是人類與生俱來的一種能力，無論是貧窮還是富有，是成功還是失敗，我們都具有這種能力。

想要讓內心的種子迸發巨大的能量，首先就要去發現它，這樣才可以運用它，為自己的學習和生活服務。選擇是一種偉大的力量，不要錯過它！

機關算盡不聰明

心機用得太多，容易使自己不得要領，或自壞其事，或自相矛盾。對於一個狡黠的人來說，這是常有的事情，不要因為賣弄自己的才華而耽誤自己。

「聰明反被聰明誤」，幾乎已經是政治人物最恐懼的致命錯誤。有些人絕頂聰明，卻因為自作聰明的行為而毀掉自己。曹操身邊的著名謀士楊修，因為總是揣測曹操的心意，最終淪為政治的犧牲品。

如何把自己的心機隱藏妥當，是聰明人首先思考的問題。心機畢露，這樣的人是最愚蠢的。所謂「機關算盡太聰明」，看似聰明，實際上是不聰明，因為你把自己推入鉤心鬥角的深淵，在物物競逐的循環傾軋之中浮沉，痛苦得無法自拔。

我們應該要有心機，但是不要做得過於顯露，手段用得不適當，會顯示自己的愚蠢。巧妙地運用心思去應付別人，得到的將是自己想要的結果。

蘇格拉底被人們稱為「雅典的牛蠅」，被尊稱為古希臘最卓越的口才家之一。

他的方法是什麼？他是否對別人說：「你們錯了」，然後長篇大論地發表自己的演說？不是，他不會做出那種事情。他的整套方法，現在稱之為「蘇格拉底妙法」，以得到「是，是」為根據。

他問的問題，都是對方必須同意的。他不斷地得到一個又一個同意，直到自己擁有很多的「是，是」。他不斷地發問，直到最後，幾乎在不知不覺中，人們發現自己得到的結論，是在幾分鐘之前堅決反對的。

西屋公司的推銷員湯瑪斯・雷諾爾曾經遇到一件事情，很好地運用蘇格拉底的方法，讓自己談成生意。

在他負責的推銷區域裡，住著一位有錢的企業家。雷諾爾的公司想要賣給他一批貨物，之前的推銷員幾乎花費十年時間，卻始終沒有談成一筆生意。雷諾爾接管這個地區以後，花費三年時間去兜攬他的生意，也沒有什麼結果。經過十三年不斷的拜訪和會談以後，對方才買了幾台發動機，可是雷諾爾希望對方可以買下幾百台發動機，於是他去拜訪企業家。

負責的工程師見到雷諾爾的時候說：「雷諾爾，我們不能再買你的發動機。」

「為什麼？」雷諾爾很驚訝。

「你賣給我們的發動機太熱，我幾乎無法把手放在上面。」

雷諾爾知道如果跟他爭辯，不會得到任何好處，過去就有這樣的情形。現在，雷諾爾想要運用讓他說出「是」的方法。

「威廉先生，你說的事實，我完全同意——如果那台發動機溫度過高，我希望你不要買了。你需要的發動機，不希望它的溫度超出電工協會規定的標準，是不是？」

「是。」

「電工協會規定，一台標準的發動機，可以比室內溫度高出攝氏二十二度，是不是？」

「是的，可是你的發動機比這個溫度還要高。」

「請問，工廠溫度是多少？」雷諾爾繼續問。

工程師想了想，說：「嗯——大約攝氏二十四度。」

「這就對了。工廠溫度是攝氏二十四度，再加上攝氏二十二度，總共是攝氏四十六度。如果你把手放進攝氏四十六度的熱水裡，是不是會把手燙傷？」雷諾爾得出結論。

「是！」威廉不得不承認。

「威廉先生，你不要用手碰那台發動機，不就好了？」雷諾爾笑著建議。

「我想，你說得對。」威廉回答。

最後，雷諾爾談成這筆生意，對方訂購三萬多元的貨物。

爭辯不是一個聰明的方法，從對方的觀點去思考，設法讓別人回答「是，是」，才是一個成功的方

法。如果自作聰明，或是欺騙對方購買貨物，雷諾爾不可能再做成任何一筆生意。

不要有那些多此一舉的行為，聰明人的聰明之處就是不顯露聰明。

高貴即品格

一個具備高貴品格的人，無論是君主還是平民，都會獲得人們的崇敬。神的產生，正是在於人們對高尚的嚮往。

南丁格爾捨棄財富和舒適的生活，尋找自己心中深刻的需求。她被一種要去照顧人們的使命驅使，分擔他們在自己身邊即將死亡的時候承受的絕望和恐懼，最後成為我們敬仰的「白衣天使之母」。

天主教神父達米安拋棄文明社會，獻身於照顧夏威夷莫洛凱島上的麻瘋病人，發揚非凡個性的博愛精神。他與教會的官僚體系奮戰不止，為自己的教區爭取補給品，最後自己也罹患麻瘋病，死在和他一起生活的人群之中。

甘地把自己的人生完全投入追求自由之中，他領導的「非暴力不合作」運動，使英國殖民地下的印度人擺脫帝國主義的束縛。總結自己一生的時候，他說了一句話：「我的人生，就是我要傳達的信念。」

這些把個人力量化為愛的歷史典範，可以幫助我們辨認和欣賞那些在日常生活中存在的高尚品格。有些人擁有出色的外貌、優雅的氣質，但是缺乏愛心、揮金如土、冷漠無情，甚至做出傷害別人的行為。這樣的人即使外表再高貴，內心也是骯髒的。

一個人的高貴不只表現在外表上，更重要的是內涵，因為只有充滿高貴內涵的人，才可以顯得高尚。**性格溫柔卻軟弱，性格剛強卻頑固，因為寬容而忍讓，因為嫉妒而狹隘，因為不屈而倔強，這些都是不可忽視的性格缺陷**。如果無法克服它們，就會遭受別人的批評和攻擊。從現在開始，修練自己的品格，讓自己的品格日漸高尚，把它當作自己一種至高的品格，在提高品格中找到樂趣。

想要掌控未來，就要對未來有所預見

一九一〇年，二十八歲的他只是一個從耶魯大學中途輟學的木材商人。有一天，他在觀看一場飛行表演以後突發奇想：為什麼不把飛機改造成經濟實用的交通工具？自此，他對飛機產生濃厚的興趣，並且不斷研究飛機的構造。因為那個時候飛機只是處於啟蒙時期，駕乘飛機只是少數人用以娛樂和運動的昂貴消費，所以科學界對他提出的「發展航空事業」嗤之以鼻。但是他並未因此放棄，而是開始十幾年如一日的飛機製造。

一九二〇年代，他覺得替美國郵政運送郵件將會是一筆賺錢的生意，於是決定參加「芝加哥—舊金山郵件路線」的投標。為了贏得投標，他把運輸價格壓得非常低，反而引起專家們的懷疑，他們認為他的公司會倒閉，甚至郵政部門也懷疑他是否可以繼續營運，要求他交納保證金才同意簽約。但是他充滿自信，對公司研製的飛機重量進行嚴格要求，不出所料，他的郵件運送業務開始獲利。很快，他從運送郵件發展到載運乘客。

第二次世界大戰結束以後，航空工業空前萎靡，他的公司也停止生產。為了謀求生計，他不得不轉為製作家具，但是仍然設法照顧公司裡的幾個優秀人才，以保證飛機研發計畫可以繼續進行。他的身邊傳來許多聲音，大多數的人認為他過於狂熱、不切實際，但是他堅信航空業終究會柳暗花明，他說：「我可以預見未來……」

他就是這樣特立獨行、自以為是。現在，這個「自以為是」的人創立的飛機製造公司，已經成為全世界最大的商用飛機製造公司之一，他就是聞名全球的波音飛機製造公司的創始人——威廉・波音。

「除了事實之外，再也沒有權威，事實來自正確的認知，預見只能由認知而來。」這是古希臘哲人希波克拉底的話，它曾經被作為座右銘，掛在威廉・波音辦公室的門上。

想要比別人看得遠，就要比別人站得更高；想要比別人走得遠，就要比別人想得更遠。想要掌控未來，就要像威廉・波音一樣，對自己的未來有所預見，否則只會陷入眼前的困惑中，不僅會減緩成功的速度，也容易多走彎路，甚至遭遇險情。

培養自己預見未來的能力，要先從培養細緻準確的觀察力和超前思考的能力入手。許多傑出人士的共同點就是善於觀察和思考，透過這兩項能力，他們才可以看清時代的發展方向。他們的思維總是超前的，所以他們可以引領時代的潮流。

那些對自己的未來沒有預見的人，經常會被眼前的利益矇蔽，無法看到遠方的危險。所以，要培養自己預見未來的能力，擁有開闊的眼界。只有這樣，才可以拓展人生的平台，找到最適合自己的道路。

我們的預見不可能永遠正確，也會有失誤的時候。但是，以失誤最少者為指標，是不變的方法。**可以彌補這種失誤的方法，就是多觀察、多思考，用理性的頭腦分析問題。**人生中有很多事情，不是憑藉我們有意願如此就可以成功，必須依靠智慧來逐漸實現。

永遠不要說：「我不相信」

我們面對成功者的時候，經常會感到自慚形穢，但是立刻會為自己找到藉口：「我已經盡力了。」其實，我們可以做的事情永遠比現在做過的多。看看賽勒斯・菲爾德先生的故事，他的故事可以告訴我們，什麼是勇者的態度。

賽勒斯・菲爾德退休的時候已經存了一大筆錢，然而他突發奇想，想要在大西洋的海底鋪設一條連接歐洲和美國的電纜。隨後，他開始全心地投入這項事業中。前期基礎性的工作，包括建造一條一千英里長、從紐約到紐芬蘭聖約翰的電報線路。紐芬蘭四百英里長的電報線路，要從人跡罕至的森林中穿過，所以要完成這項工作，不僅要建造一條電報線路，還要建造一條同樣長的公路。此外，還包括穿越布雷頓角全島總共四百四十英里長的線路，再加上鋪設跨越聖羅倫斯灣的電纜，整個工程十分浩大。

菲爾德使出渾身解數，總算從英國政府那裡得到資助。然而，他的方案在議會上遭到強烈反對，在上議院只以一票的優勢獲得通過。隨後，菲爾德的鋪設工作開始了。電纜一端放在停泊於塞凡堡港的英國旗艦「阿加曼農」號上，另一端放在美國海軍新造的豪華護衛艦「尼加拉」號上，但是在電纜鋪設到五英里的時候，它突然被捲到機器裡面，斷開了。

菲爾德不甘心，又進行第二次試驗。在這次試驗中，電纜鋪設到兩百英里的時候，電流突然中斷了，船上的人們在甲板上焦急地踱來踱去。就在菲爾德即將命令割斷電纜、放棄這次試驗的時候，電流突然又神奇地出現。夜間，船隻以每個小時四英里的速度航行，電纜的鋪設也以每個小時四英里的速度進行。此時，輪船突然發生一次嚴重傾斜，煞車緊急啟動，不巧又割斷電纜。

但是菲爾德不是一個輕易放棄的人，他又訂購七百英里的電纜，而且聘請一個專家，請他設計一台更好的機器，以完成這麼長的鋪設任務。後來，英美兩國的科學家聯手把機器趕製出來。最終，兩艘軍艦在大西洋上會合，電纜也接上了。隨後，兩艘船繼續航行，一艘駛向愛爾蘭，另一艘駛向紐芬蘭，結果它們都把電線用完了。兩船分開不到三英里，電纜又斷開了；再次接上以後，兩船繼續航行，到了相隔八英里的時候，電流又沒有了。電纜第三次接上以後，鋪設了兩百英里，在距離「阿加曼農」號二十英尺處又斷開了，兩艘船最後不得不返回愛爾蘭海岸。

參與此事的很多人都洩氣了，民眾輿論也對此表示懷疑的態度，投資者也對這個項目失去信心，不願意再投資。這個時候，如果不是菲爾德先生，如果不是他百折不撓的精神，這個項目很有可能因此失敗。菲爾德繼續為此日夜操勞，甚至到了廢寢忘食的地步，他不甘心失敗。

於是，又一輪新的嘗試開始了，這次總算一切順利，全部電纜鋪設完畢，沒有任何中斷，幾則訊息也透過這條海底電纜發送出去，似乎就要大功告成，但是電流又突然中斷了。

這個時候，除了菲爾德和幾個朋友以外，幾乎沒有人不感到絕望。但是菲爾德仍然堅持不懈地努力，他終於找到投資者，買來品質更好的電纜，這次執行鋪設任務的是「大東方」號，它緩慢地駛向大洋，把電纜鋪設下去。但是，在鋪設橫跨紐芬蘭六百英里電纜線路的時候，電纜突然又斷了，掉入海底。他們打撈了幾次，但是沒有成功。於是，這項工作耽擱了下來，而且耽擱了一年。

所有這些困難，都沒有嚇倒菲爾德。他又成立一家公司，繼續從事這項工作，而且製造出一種性能優於普通電纜的新型電纜。一八六六年七月十三日，新的試驗又開始了，並且順利接通，發出第一份橫跨大西洋的電報！電報內容是：「七月二十七日。我們晚上九點到達目的地，一切順利。感謝上帝！電纜都鋪設好了，運作完全正常。賽勒斯·菲爾德。」

不久以後，原先那條落入海底的電纜被打撈上來，重新接上，一直連到紐芬蘭。現在，這兩條電纜線路仍然在使用，而且再用幾十年也不是問題。

腳不能到達的地方，眼睛可以到達；眼睛不能到達的地方，心可以到達。賽勒斯·菲爾德先生有一顆無所不往的心，只要決定的事情，就會全力去做，一遍又一遍，直到完成為止。有多少人可以承受他承受的壓力，又有多少人可以有他那樣的工作態度？

堅決地相信自己的時候，所有因素就會朝著證明你觀點的方向前進，你的人生格局也會因此而展開。

誰敷衍生命，生命就會敷衍誰

我們可以登上多高的山峰，取決於自己可以接受多高的海拔。我們的態度，對自己的身體有一種難以解釋的控制力。

美國有一位年輕的鐵路郵遞員，和其他郵遞員一樣，用之前的方法做著分發信件的工作。大多數的信件都是憑藉這些郵遞員用不準確的記憶來分類發送，因此許多信件會因為記憶出現差錯而被耽誤幾天，甚至幾個星期。很多人對此不以為然，認為這是郵遞過程中允許的失誤，但是這個年輕的郵遞員卻不敢苟同，他開始尋找方法來減少這種失誤。

「你為什麼要想這些事情，你的薪水會因此而增加嗎？我們只是送信的人，為什麼要這麼認真？」他的同事幾次問他。看到這個年輕人蹲在地上思考，很多人開始取笑他：「我們偉大的郵遞員要改變世界！」他也跟著傻笑，但是從來沒有放棄尋找方法。

其實，方法不像發明一顆人造衛星那麼困難：他把寄往某個地點的信件匯集起來，這樣就容易多了。「天啊，這麼簡單？」可能有人會問，是的，就是這麼簡單。這位郵遞員就是西奧多・魏爾，就是這件看起來很簡單的事情，成為他一生中意義深遠的事情。他的圖表和計畫吸引主管的注意。不久之後，他就獲得升遷的機會。五年以後，他成為鐵路郵政總局的副局長，不久又被升為局長，後來成為美國電話與電報公司總經理。

從西奧多・魏爾的例子中我們可以看出：微不足道的工作，只要用心去做就會有回報。西奧多・魏爾得益於自己的創意，他只是比別人多想一些，就改變自己的人生。

如果你對自己的生活採取敷衍的態度，生活也會敷衍你；如果你以積極認真的態度去對待它，它也會讓你有所收穫，並且幫助你登上人生更高的山峰。

學會合理利用時間

「世界上，什麼東西是最長的又是最短的；最快的又是最慢的；最可以分割的又是最廣大的；最不受重視的又是最受惋惜的。沒有它，什麼事情都做不成；它使所有渺小的東西歸於消滅，使所有偉大的東西綿延不絕？」哲人伏爾泰曾經這樣問。

智者查帝格回答：「世界上最長的東西是時間，因為它永無窮盡；最短的東西也是時間，因為人們所有的計畫都來不及完成；在等待的人看來，時間是最慢的；在作樂的人看來，時間是最快的；時間可以擴展到無窮大，也可以分割到無窮小；當時誰都不重視，過後誰都會惋惜；沒有時間，什麼事情都做不成；不值得後世紀念的，時間會把它沖走，只要是屬於偉大的，時間會把它凝固起來，永垂不朽。」

生命有限，你是否仔細地想過，如何充分地利用時間去充實自己有限的生命？

有些人總是說：「還有很多時間！」等到生命即將結束的時候，不斷地追悔歎息。

有些人抓住可以利用的時間，無限地充實自己的生命，由此取得偉大的成就。

同樣是對待時間，你會選擇哪一種態度？

智者會告訴你：做一個珍惜時間的人吧！從合理利用時間開始。

首先，不管什麼事情，都要分清輕重緩急。

一個人的生命是有限的，能力和精神也是有限的，不可能把所有事情全部做完，尤其是一些耗費精力的事情。因此，置身於紛繁蕪雜的世間萬象中，就要排除其他干擾，專心地做事。

其次，要科學分配時間。

根據一位著名學者對人類的大腦進行腦功能的測試以後發現：上午八點，大腦具有嚴謹而周密的思考能力；下午兩點，思考能力最敏捷；下午八點，是記憶力最強的時候，但是邏輯推理能力是逐漸減弱的。

基於以上測試結果，早晨處理比較嚴謹而周密的工作，下午處理需要快速完成的工作，晚上處理需要加深記憶的工作，對於這些做某項工作效率最佳的時間，更要加倍「珍惜」，完全不能「耗費」。

除此之外，一些看似平常的小事也可以成為我們合理利用時間的切入點。例如：每天要早起，就可以節省許多時間；午餐要適量，不要吃得太多，否則下午容易打瞌睡，學習和工作效率會降低；掌握快速讀書的方法，進而獲得書中最主要的觀點和內容。

最後，不要浪費時間。

假如必須花費時間進行等待，應該把等待當作是構想學習和工作計畫的機會，或是用它來看書；經常帶著一些空白卡片，以便隨時記下各種有價值的資料，這樣可以節省許多翻閱報刊的時間；制定計畫的時候要有彈性，最好在計畫中留出空餘時間，以便應付緊急情況；完成重要事情以後，進行適當的休息，以求得學習、工作、休息的平衡；對於所有的事情，都要確定完成的期限，盡可能在期限內完成，不可以超過期限……

如果可以做到這些，就可以有偉大的成就。

像獅子與狐狸一樣思考

羅馬皇帝塞維魯斯生活在西元三世紀，在他統治羅馬之前，皇帝尤利安努斯怠惰昏庸。當時，頗得人心的軍人佩蒂納克斯被羅馬禁軍殺害，成為塞維魯斯圖謀羅馬的藉口。在外地的塞維魯斯說服所有統帥以及駐紮在斯基亞沃尼的軍隊，讓軍隊相信進軍羅馬為佩蒂納克斯報仇是正當的，塞維魯斯掩飾自己覬覦皇位之心。

在這個謊言之下，軍隊聽從塞維魯斯的安排進入羅馬，塞維魯斯先一步趕到義大利。塞維魯斯到了羅馬以後，元老院就害怕了，立刻把尤利安努斯殺掉，擁立他為皇帝。

塞維魯斯想要成為羅馬帝國的主宰，在此之後，他必須解決兩件事情：第一，當時在亞洲軍隊的統帥奈哲爾已經稱帝；第二，在西方出現一個叫阿爾比努斯的人稱霸那裡，他一直覬覦帝國。塞維魯斯認為，如果暴露自己，同時與兩者為敵是危險的，於是決定襲擊奈哲爾，對阿爾比努斯進行籠絡。

塞維魯斯修書一封給阿爾比努斯，聲稱自己被元老院選為皇帝，願意與阿爾比努斯共同享受這個榮耀，所以把凱撒的稱號送給他，並且由元老院決定，加封他作為自己的同袍。阿爾比努斯沒有識破這個謊言，安靜地等待塞維魯斯打敗奈哲爾。阿爾比努斯沒有意識到敵人的敵人就是自己的朋友，坐視可以讓自己安穩的奈哲爾被塞維魯斯剷除。

塞維魯斯殺了奈哲爾之後，立刻向元老院訴苦，聲稱阿爾比努斯忘恩負義，打算謀害自己。元老院信以為真，同意塞維魯斯剷除阿爾比努斯。最後，阿爾比努斯的政權和生命都被剝奪了。

綜觀塞維魯斯的政治生涯和軍事生涯，我們可以清晰地看到一頭凶猛的獅子身上如何出現狐狸般的狡猾性格。塞維魯斯雖然手段卑劣，但是作為一個統治者，他得到廣泛的尊敬。因為他很好地保持帝國的運轉，使得他享有最高的聲譽，可以抵消民眾由於他的掠奪行為可能產生的憎恨。

想要在事業上有所成就，具備像塞維魯斯一樣出色的性格和手段是必需的，可以幫助我們進行事業上的博弈選擇，使我們找到最有效掌控別人的手段。獅子的凶猛讓人無所畏懼，勇往直前；狐狸的狡猾令人頻出變牌，變幻莫測。如果我們既似獅子又像狐狸，雷厲風行與狡猾多變並用，就可以所向披靡。

想要具備獅子和狐狸的性格，就要不斷改變自己的方法，迷惑對手，激起他們的好奇心，分散他們的注意力。如果我們總是按照同樣的想法行事，久而久之，別人就會預知我們的行動模式。這就像捕殺以直線飛行的鳥兒容易，捕殺變換其飛行路線的鳥兒很難一樣。不可否認世界上有溫情存在，但是不能忘記有些不懷好意的人在算計我們，多出一些心思，才可以技高一籌。

魄力十足，巧用計謀，有以勇氣開闢的道路，也有以巧計鋪設的捷徑。有勇有謀，非凡者就是這樣產生的。

—第十二章—

相信「積極心態」的巨大力量

成功，是因為志在成功

歷史上有很多傑出的人物，也知道秘密法則的核心思想，例如：偉大的軍事家拿破崙，他曾經說：「我成功，是因為我志在成功。」

身高不足一百六十公分的拿破崙可以成為改寫歐洲歷史的人物，並且讓大不列顛及北愛爾蘭聯合王國維多利亞女王的王子「在偉大的拿破崙墓前下跪」，正是因為他志在成功的性格。

不到十歲的時候，拿破崙在家人的幫助下，進入一所貴族學校。這所少年軍校是法國專門培養未來軍官的基地，也是貴族子弟投身軍界的必經階梯。入校學員不僅限於貴族子弟，還要有身分高貴的保薦人。拿破崙雖然是科西嘉島上的貴族，但是被同學視為「來自科西嘉的窮小子」，操著鄉土口音的他，經常遭到那些貴族子弟的嘲笑和欺負。但是拿破崙沒有被歧視壓倒，下定決心要在一個人少又不容易被抓住的地方，把欺負他最多的人狠揍一頓。

機會終於來了。一個午後，幾個欺負他的同學迎面走來，其中一個同學比拿破崙高出一個頭，叉開兩腳擋住去路，並且神氣活現地說：「鄉巴佬，說幾句科西嘉話讓我們聽聽！」另一個同學說：「不然，你學狗叫也可以！」然後，幾個人一起哄笑。

拿破崙沒有理他們，裝出繞道的樣子。那個小子卻不肯罷休，立刻橫移腳步和伸手阻攔。此時，拿破崙突然轉身，抓住那個小子的領口，猛揍一拳。那個小子疼得站不起來，拿破崙一不做二不休，揮起拳頭一陣猛揍，連打帶踢，直到那個小子趴在地上求饒才罷手。

拿破崙因為打人被關禁閉，但是他很驕傲——在場的那些人，沒有人敢動手幫忙，而且從此以後，再也沒有人敢欺負他。

經過這件事情，拿破崙更傲視他的同輩，性格也變得更孤僻。課餘時間，他把自己的主要精力用在閱讀書籍上。十五歲畢業的時候，拿破崙由於各科成績特別優異，獲得少年軍校保送，進入位於巴黎戰神廣場的軍官學校，開始接受第二階段的軍事教育。

在巴黎軍校，一般學生通常要花費三年時間才可以通過考試，獲得擔任軍官職務的資格，但是拿破崙在第一學年結束的時候，就與其他兩人一起通過軍官資格考試，並且在剛滿十六歲的時候成為「炮兵少尉」，就這樣，他開始了戎馬生涯。

蘇聯著名文學家高爾基曾經把意志的薄弱和信心的缺乏稱為「人們最凶惡的敵人」，很多成功人士在回憶的時候說，在奮鬥之初，他們就相信自己有一天會成功，於是抱持「我要登上巔峰」的積極態度來進行學習和工作，最終憑藉堅強的信心達到目標。美國第四十任總統隆納．雷根就是深諳這個訣竅的人。

雷根早年是一個演員，但是他卻立志要當總統。從二十二～五十四歲，雷根從電台體育播音員到好萊塢電影明星，青年和中年的歲月活躍於文藝圈，對於政治，他是完全陌生的，更談不上什麼經驗。這個現實，幾乎成為雷根涉足政壇的阻礙。然而，機會來臨的時候，共和黨內保守派以及一些富豪們竭力慫恿他競選加州州長，雷根毅然決定放棄大半輩子賴以為生的影視職業，決定開闢人生的新領域。

雷根為什麼會突然改變自己的生活道路？他的自信又是源於何處？

有些人分析，雷根的突然轉變不是突發奇想，他的自信與他的知識、能力、經歷、膽識有很大的關係，尤其有兩件事情讓雷根角逐政界的志向更堅定。

一件事情是他受聘奇異公司的電視節目主持人以後，為辦好這個遍布美國各地的大型聯合企業的電視節目，透過電視宣傳，改變普遍存在的生產情緒低落的狀況，雷根花費大量時間拜訪各個分廠，與工人和管理人員廣泛接觸，讓他有許多機會認識社會各界人士，全面瞭解社會的政治、經濟情況。人們什麼話都對他說，從工廠生產、員工收入、社會福利到政府與企業的關係、稅收政策。雷根把這些話題吸收消化以後，透過節目主持人的身分反映出來，立刻引起強烈的共鳴。

另一件事情發生在他加入共和黨以後，為幫助保守派領袖競選議員募集資金，他利用演員身分在電視上發表一篇題為「可供選擇的時代」的演講，因其出色的表演才華而大獲成功，立刻募集到一百萬美元，後來又陸續收到許多捐款，總數達六百萬美元。

這篇演講是美國競選史上募款最多的一篇演講。一夜之間，雷根成為共和黨保守派心目中的代言人，引起操縱政壇的幕後人物的注意。

就在雷根如願以償當上州長問鼎白宮之時，曾經與競爭對手卡特進行長達幾十分鐘的電視辯論。面對攝影機，雷根發揮出淋漓盡致的表演效果，時而微笑，時而妙語連珠，在民眾的面前，完全依靠當演員的本領佔盡上風。相比之下，從政時間雖然很長，但是缺少表演經驗的卡特卻顯得相形見絀。

一個是初出茅廬但是英氣逼人，一個是熟稔政治但是毫無熱情，民眾將自己手中的一票投給那位志在必得的人。

英國文學家蕭伯納揭示成就拿破崙、雷根等人的秘密：志在必得的信心，使一個人得以征服他相信可以征服的東西。想要和那些成功者一樣，先問問自己是否擁有他們這種志在成功的信心和士氣。

人生是無數個選擇的疊加

「你們替我決定吧！」

「隨便，你們決定吧！」

「怎樣都可以！」

你的生活中，是否經常有這樣的語句出現？

表面上看來，這些話顯示出你很隨意的性格，但是嚴肅地分析這些話，你可能會對我們的結論感到驚訝——這種隨便的態度，是在敷衍自己的人生。

人生是無數個選擇的疊加，我們每天都會做出很多選擇。很多著名的人物，都是以一種明確的價值觀，指導自己的選擇。

世界著名男高音帕華洛帝，除了善於演唱之外，也沉浸於教學。他堅持一邊教學一邊演唱的時候，發現自己很吃力。

父親勸告他，必須在這兩者之間做出選擇，否則任何事情也做不好。後來，他選擇全心地投入演唱中。

除了這樣的選擇之外，我們還可以選擇自己的人生態度。**外在的條件可能不允許我們實現自己的願望，但是在如何面對的問題上，我們有一〇〇%的選擇權。**面對一件事情的時候，可以選擇正面去思考問題，還是負面去理解困難。

有一個叫艾德的人，十四歲的時候，因為小兒麻痺症致使頭部以下癱瘓，必須依靠輪椅才可以行動。罹患這個病症之後，他曾經幾次差點喪命。

艾德沒有讓自己沉浸在淚水和哀怨之中，相反地，他希望有一天可以幫助有相同病症的患者。他決定改變人們的想法，不要以高高在上的姿態憐憫殘障人士，認為殘障就等於無用，應該顧及他們生活中的不便之處。在他十餘年的努力下，人們終於注意到殘障者的權利。如今，美國各個公共場所都設有輪椅專用的上下斜道，有殘障者專用的停車位，有幫助殘障者行動的扶手，這些都是艾德的功勞。艾德是第一個頸部以下癱瘓而從加州大學柏克萊分校畢業的高材生，隨後他擔任加州州政府復建部門的主管，他是第一位擔任公職的嚴重殘障者。

艾德可以選擇感傷，也可以選擇默默無聞，或是在別人的同情下得到終生照顧，誰也不會說什麼。

但是艾德把握住選擇的力量，他認為肢體上的不便無法限制自己的發展，自己要做的是結束這樣的不便，竭盡全力為自己選擇一個有意義的人生。

不要覺得自己沒有選擇，就算在最壞的環境下，一個最好的選擇也可以改變你的人生，就像艾德一樣。選擇其實很重要，有時候只是一個選擇，就會帶來完全不同的結果。

米歇爾曾經是一個不幸的人。

一次意外事故，把他身上六五％以上的皮膚燒壞了。為此，他動了十六次手術。手術以後，他無法拿起叉子，無法打電話，也無法一個人上廁所。然而，曾經是海軍陸戰隊員的米歇爾不認為自己被打敗了，他說：「我完全可以掌握自己的人生之船，我可以選擇把目前的狀況看作是後退或是起點。」六個月之後，他又可以開飛機了！

米歇爾為自己在科羅拉多州買了一幢維多利亞式的房子，也買了房地產、一架飛機、一家酒館。後來，他和兩個朋友合資創辦一家公司，專門生產以木材為燃料的爐子，這家公司後來成為佛蒙特州第二大私人公司。

在米歇爾創辦公司以後的第四年，他開飛機在起飛的時候又摔回跑道，把他的十二個脊椎骨壓得粉碎，腰部以下永遠癱瘓。「我不解的是，為何這些事情總是發生在我身上，我到底是造了什麼孽，要遭到這樣的報應？」

米歇爾仍然選擇不屈不撓，完全不放棄，日夜努力使自己可以達到最高限度的獨立自主。他被選為科羅拉多州孤峰頂鎮的鎮長，以保護小鎮的美景及環境，使之不會因為礦產的開採而遭受破壞。後來，米歇爾競選國會議員，他用一句「不只是另一張小白臉」的口號，將自己難看的臉孔轉化成一項有利的資產。

儘管面貌駭人、行動不便，米歇爾卻墜入愛河，完成終身大事，也拿到公共行政碩士證書，並且堅持自己的飛行活動、環保運動、公共演說。

米歇爾曾經說：「我癱瘓之前可以做一萬件事情，現在我只能做九千件，我可以把注意力放在無法再做的一千件事情上，或是把注意力放在還可以做的九千件事情上，告訴人們，我的人生曾經遭受兩次重大的挫折。如果我可以選擇不把挫折當作放棄努力的藉口，或許你們可以用一個新的角度，看待一些總是讓你們裹足不前的經歷。你可以退一步，想開一些，然後你就有機會說：『或許那也沒有什麼大不了的！』」

有人在困難面前選擇退縮的時候，也有人選擇毫不示弱地走下去。

著名的電影《刺激一九九五》中有一段經典對白，是無數人心中的座右銘：Get busy living, or get busy dieing，翻譯成中文應該是：「不是忙著生存，就是忙著死亡」。選擇積極面對生活，還是消極等待死亡，由我們自己來選擇。

我們的選擇，是一種偉大的力量。

你嘗試做出選擇嗎？在學習和遊戲之間、在交友和樹敵之間、在謙遜和反叛之間，你是否感受到選擇的巨大力量？**用汽車大王亨利・福特的話來說：無論你認為自己是否可以做到，你都是對的。**既然如此，為什麼不選擇認為自己可以做到？

適合自己的，才是最好的

任何時候都要知道：適合自己的，才是最好的。

一九三五年，帕華洛帝出生於義大利的一個麵包師家庭。父親是一個歌劇愛好者，經常把卡魯索、吉利的唱片帶回家，耳濡目染，帕華洛帝也喜歡唱歌，小時候的帕華洛帝就顯示出唱歌的天賦。

長大以後，帕華洛帝依然喜歡唱歌，但是他更喜歡孩子，並且希望成為一位教師。於是，他考上一所師範學校。在師範學校學習期間，一位名叫阿里戈・波拉的專業歌手收帕華洛帝為學生。

臨近畢業的時候，帕華洛帝問父親：「我應該怎麼選擇？是當教師，還是成為一個歌唱家？」父親回答他：「孩子，如果你想要同時坐兩把椅子，只會掉到兩把椅子中間的地上。在生活中，你應該選定一把椅子。」

聽了父親的話，帕華洛帝選擇教師。不幸的是，初執教鞭的帕華洛帝缺乏經驗，無法管教調皮的學生，最終只好離開學校。於是，帕華洛帝選擇唱歌。

十七歲的時候，父親介紹他去羅西尼合唱團，跟隨合唱團在各地舉行音樂會。帕華洛帝經常在免費音樂會上演唱，希望可以引起某位經紀人的注意。

可是，將近七年的時間過去了，帕華洛帝還是一個無名小輩。看見周圍的朋友們已經找到適合自己的位置，也都結婚了，自己還沒有養家糊口的能力，帕華洛帝非常苦惱。就在這個時候，帕華洛帝的聲帶上長了一個繭，在費拉拉舉行的一場音樂會上，他就像脖子被掐住的男中音，被滿場的噓聲轟下台。失敗曾經讓帕華洛帝產生放棄的念頭，但是他想起父親的話，他心裡很清楚：唱歌最適合自己，自己要做的就是為了這個選擇而堅持。

幾個月以後，帕華洛帝在一場歌劇比賽中嶄露頭角，被選中在瑞吉歐艾米利亞市劇院演唱著名歌劇《波希米亞人》，這是帕華洛帝首次演唱歌劇。演出結束以後，帕華洛帝贏得觀眾雷鳴般的掌聲。

隨後，帕華洛帝去澳洲演出及錄製唱片。一九六七年，他被著名指揮家卡拉揚挑選為威爾第《安魂曲》的男高音獨唱者。

從此，帕華洛帝的名聲節節上升，成為活躍於國際歌劇舞台上的最佳男高音。

有人問帕華洛帝的成功秘訣，他說：「我的成功在於：我選對自己施展才華的方向。我覺得一個人如何表現自己的才華，就是在於：他要選對人生奮鬥的方向。」

世界上有很多選擇，只有適合自己的，才是最好的。就像故事中的帕華洛帝，唱歌最適合他，唱歌就是最好的，最終也證明他的決定是正確的。

很多人一生費盡心力，孜孜以求，最後卻一無所得。事實上，很大程度是因為他沒有選擇到適合自己的。

善用選擇的巨大力量，從選擇適合自己的開始。

不要讓幸福在窗外徘徊

幸福就在窗外，它就像一股新鮮的空氣，只要你打開窗戶，就可以感覺到它。

有些人將這扇窗戶關著，有些人選擇打開它。於是，前者因為把幸福攔在窗外，永遠無法體會到幸福，後者因為打開窗戶而迎接幸福，這是對幸福的選擇。

沒有人願意拒絕幸福，有些人只是不去選擇。

有一位精神科醫生，他有豐富的臨床經驗。退休以後，他撰寫一本醫治心理疾病的書。這本書有一千多頁，書中有各種病情的描述，以及針對這種病情的藥物和情緒治療方法。

有一次，這位精神科醫生到一所大學講課。在課堂上，他拿出自己這本著作，說：「這本書有一千多頁，裡面有三千多種治療方法，一萬多種藥物，但是所有的內容只有四個字。」

眾人都很驚訝，只見他說完以後，就在黑板上寫下：「如果，下次。」

這位醫生說，造成自己精神消耗和折磨的就是「如果」這兩個字，「如果我考上大學」、「如果我沒有放棄她」、「如果我可以換一份工作」……

醫治方法有數千種，但是最終的方法只有一種，那就是：把「如果」改成「下次」，「下次我有機會再去進修」、「下次我不會放棄自己愛的人」……

執著於過去的痛苦，痛苦就會佔據你的心靈，這實際上正好是放棄選擇幸福的機會。

美國第十六任總統亞伯拉罕·林肯曾經說：「我一直認為，如果一個人決定想要獲得某種幸福，就可以得到這種幸福。」幸福距離你不遠，一直以來，它與你只是一窗之隔，只要你伸出手臂，就可以擁抱幸福。

有一對年輕夫婦，住在美國南部的一個城市裡。他們的鄰居是一對年老的夫婦，老婦人幾乎失明而且癱瘓在輪椅中，丈夫的身體也不好，整天待在屋子裡照顧妻子。

一年一度的聖誕節快到了，這對年輕夫婦想要裝飾一棵聖誕樹，送給兩位老人。他們買了一棵小樹，裝飾一些禮物，在聖誕夜送過去。老婦人感激地看著聖誕樹上閃爍的光芒，哭了。她的丈夫說：「我們已經很多年沒有看過聖誕樹……」

在以後的日子裡，只要拜訪這兩位老人，他們都會提起那棵聖誕樹。對於這對年輕夫婦來說，也許他們只是做了一件很小的事情，但是他們把最大的幸福送給別人，因而自己也獲得巨大的幸福。這種幸福是一種十分深厚的感情，而且一直留在他們的記憶中。

幸福是一種滿足，是心靈的安寧。希望你可以展開雙臂，打開那扇窗戶，讓幸福如清風一樣沐浴你、溫暖你。所以，還在等什麼，去選擇幸福吧！

明白自己想要的，然後不改初衷

美國政治家亨利・克萊曾經說：「遇到重要的事情，我不知道別人會有什麼反應，但是我會全心地投入其中，不會注意外在的世界。那個時刻，時間、環境、周圍的人，我感覺不到他們的存在。」

枯燥無味、毫無樂趣的職業，如果投入熱情，立刻會呈現出新的意義。一個被熱忱驅動的人，不會感覺到疲勞，心靈也會變得敏銳，可以在別人看不到的地方，發現動人的美麗。這樣一來，即使再乏味的工作、再艱難的挑戰，也可以堅強地承受。

著名文學家狄更斯構思小說情節的時候，幾乎都會寢食不安，他的內心完全被自己的故事佔據，這種情形會持續到他把故事全部寫在紙上才會結束。

為了描寫一個場景，他曾經一個月閉門不出，最後再來到戶外的時候，他看起來面容憔悴，簡直像一個重病患者。

無獨有偶，音樂神童莫札特也是一個充滿熱忱的人。

有一個年齡只有十二歲的男孩，鋼琴彈得非常熟練。一次，他問偉大的作曲家莫札特：「先生，我想要自己寫曲子，應該怎麼開始？」

莫札特說：「哦，孩子，你應該再等一等。」

「可是，你作曲的時候比我現在的年齡還小啊？」男孩不甘心地繼續問。

「是啊，」莫札特回答，「可是我從來不問這種問題。如果你到達那種境界，自然就會寫出東西。」

莫札特的回答多麼直接——一個堅定的理想守護者，從來不會向別人詢問自己何時可以得償所願，他們在付出的過程中，已經知道自己有一天會成功。

沉浸於某個事物的時候，可以清楚地感受到熱忱帶給自己的強大力量，恆心和堅持可以讓這種力量持續下來，最終變成我們走向輝煌的強大助手。

年輕的時候不懂得堅持，明白人生需要堅持的時候，卻已經不再年輕，這樣的悲劇每天都在發生。所以，知道自己想要什麼的時候，就要堅持到底，不改初衷。

可以打敗你的，只有你自己

有一個男孩一直很膽小，於是父親送他去一個勇者訓練營接受訓練。

二十天以後，父親來學校，要求看看老師有沒有讓自己的兒子更勇敢，老師答應了。在一個拳擊台上，兒子與一個拳擊手進行比賽，父親滿懷期待地看著。

結果，奇蹟沒有發生。兒子不斷地被打倒，最後甚至爬不起來。

「看看你教了什麼！你們學校應該被處罰！」父親生氣地說。

「我為你感到遺憾，同時為你的兒子感到驕傲。你只看到他不斷地被打倒，我卻看到他不斷地站起來繼續比賽。」

老師的話，讓父親愣住了。確實，兒子那種面對強大的對手毫不怯懦的勇氣，不正是勇者的表現嗎？

在人生的競技場上，只會有人被征服，不會有人被完全打敗，只要還有挑戰的決心，就不會一直失敗。真正可以打敗你的，只有你自己。

戰勝自己比戰勝別人更困難，所以需要更多的勇氣。沒有人願意活在自己設下的陷阱中，從現在開始，停止對自己說「我放棄」，因為如果你放棄自己，別人就會放棄你。

行為心理學研究證明，產生一種信念以後，通常會把它付諸行動，行動本身又會加強並且助長這種信念。因此，對事情抱持什麼樣的觀念，就會給你的思想方法和行為舉止塗上什麼樣的顏色。換句話說，你心目中的現實是好是壞，都是由你自己設計和建造出來的。

很早以前的美洲大陸上，有一群印第安人被白人追趕，逃到某個地方。此時，他們的處境十分危險：在逃難過程中，食物吃完了，而且無法補充。由於情況危急，部落面臨生死存亡的考驗，酋長決定把所有的族人召集起來談話。

酋長說：「有一些事情，我必須告訴你們，我們的處境看起來很不妙。我有一個好消息，也有一個壞消息。」

族人之中，立刻產生一陣騷動。酋長說：「我先告訴你們壞消息。」所有的人緊張地站著，神色惶恐地等待。

酋長說：「除了水牛的飼料以外，我們已經沒有任何東西可以吃了。」聽到酋長這樣說，族人立刻亂成一團，發出「可怕啊」、「我們要怎麼辦」的聲音。

這個時候，有一個勇敢的人發問：「你說的好消息又是什麼？」

酋長回答：「那就是：我們還有很多水牛飼料。」

同樣是活著，有些人活得精彩出眾，有些人活得牢騷滿腹。活著，快樂是一天，不快樂也是一天。聰明的你，要如何選擇？

遇到挫折的時候，應該保持頭腦清醒，勇敢面對現實，不要急於追究責任或是責怪自己，思考一下，事情是否還有挽回的餘地，怎樣做才可以把損失降到最低。

遇到困難的時候，請記住一句話——沒有無法解決的困難，只是解決時間的長短而已。困難與人生相比，它只是一種顏料，一種為人生增添色彩的顏料。遇到困難的時候，不要逃避問題或是借酒消愁，只要對自己有信心，就可以克服所有困難。

選擇，先給自己一雙慧眼

「答案怎麼是這個！太奇怪了！」

「我怎麼沒有想到，這個才是最正確的？」

「你當時不能選這個，現在後悔了吧？」

很多人會有這樣的體會，考試的時候，自己已經很謹慎，可是答案還是錯了。其實，這是因為答案具有一定的隱藏性，就像和你在玩捉迷藏的遊戲，你要給自己一雙慧眼，可以敏銳地洞察，否則那個神秘的答案永遠不會出現。

在非洲的草原上，一隻狼氣喘吁吁地跑著，三個晝夜的躲藏和奔跑，已經讓牠隨時有倒下的可能。牠的汗水流下來，一滴一滴地掉在肥沃的土地上，滋潤綠油油的小草。牠的舌頭向外伸著，牠的雙腿像灌滿了鉛，飢餓和疲勞緊緊地抓住牠，但是牠偶爾回頭，堅定的眼神似乎在告訴那個窮追不捨的狩獵者：我不會放棄最後一絲希望。

這是一個經常狩獵的富翁，雖然驚歎於狼的堅韌，但是他依然緊緊地跟著這隻疲憊的狼。

狼越來越慢，最後被追到一個「丁」字形的岔道上。此時，前方是迎面包抄過來的嚮導，他端著一把槍，狼夾在中間。富翁以為這隻狼會選擇岔道，誰知這隻狼沒有這麼做，而是出人意料地迎著嚮導的槍口衝過去。狼在奪路的時候被捕獲，牠的臀部中彈了。

這讓富翁十分費解：狼為什麼不選擇岔道，牠衝向嚮導是準備奪路而逃？難道那條岔道比嚮導的槍口更危險嗎？

面對富翁的疑惑，嚮導說：「埃托沙的狼是一種很聰明的動物，牠們知道只有奪路成功才會有生還的希望，選擇沒有獵槍的岔道必定是死路一條，因為那條看似平坦的道路上必有陷阱，這是牠們在長期與獵人周旋中悟出的道理。」

這不由得讓富翁陷入沉思。

坐在草地上，回想歷次的狩獵，富翁第一次感到如此震撼。過去，他曾經捕獲無數的獵物——斑馬、小牛、羚羊，甚至獅子，這些獵物大多被當作美餐，然而只有這隻狼讓他產生「讓牠繼續活著」的念頭。

就在嚮導要剝下狼皮的時候，富翁制止嚮導。他問：「你認為這隻狼還可以活嗎？」嚮導點點頭。富翁打開隨身攜帶的通訊設備，讓停泊在營地的直升機立刻起飛，他想要救活這隻狼。

直升機載著受了重傷的狼飛走了，飛向五百公里以外的一家醫院。

據說，那隻狼最後被救治成功，如今在納米比亞埃托沙森林公園裡生活，所有的生活費用由那位富翁提供，因為富翁感激牠告訴他一個道理：在這個相互競爭的社會，真正的機會也會偽裝成陷阱。

所以，在選擇之前，要給自己一雙慧眼去正確地選擇，這也是給我們的警醒和啟發。

讓你的行為永遠保持公正

公平是一種交易理論，也是利益外表的一種粉飾。同時，公平放在人們的身上，被成功學研究者認定為人們的一種優勢。具備公平這種優勢的人，對各種事物一視同仁，可以做到公正嚴明、做事穩妥，比較容易受到別人的信任。

君主為了維護其統治和主導地位，必須具備公平的美德。**事實上，在現代社會，公平公正的處世態度也是人們應該具備的，不管對人對己、對事對物，因為它有助於人際交往，並且符合共同發展、互惠互利的原則。**

心理學研究證實，競爭意識是人們的正常態度，尤其是那些企業家和成功者，他們的競爭意識比一般人強烈，無論是在工作中還是在學習上，他們都熱衷於競爭。但是，他們在施展渾身解數的時候，最希望的還是處於公平競爭的環境中，因為玩弄手段沒有公平競技來得刺激，並且更容易讓他們獲得不朽的名譽。

湯姆・莫納漢就是一位這樣的競爭者，他是美國第二大披薩連鎖集團創始人。一九八九年，莫納漢想要出售達美樂披薩公司，退休從事慈善事業，並且過著悠閒的生活。沒有人願意購買他的公司，他不得不重新經營企業，聲稱「重新加入披薩大戰」。

湯姆・莫納漢喜歡競爭，但是他強調必須是公平的競爭。他說：「生活和工作的真正要旨是：參與超越別人的長期戰鬥……可是在我看來，除非嚴格地按照規則行事，否則即使在企業經營上獲得成就，也是毫無意義。」莫納漢不贊同在政治鬥爭上要不擇手段的觀點。他認為，這不是基督徒的行事方式。

公平是美德，是生命不可或缺的淨化之水；公平是每個人都可以施展才華的平台，可以讓人們在恆定的環境中，發揮自己最大的潛能。在這種環境中，每個人對自己的期待都是可以預期的，對自己的成就都是可以估量的，不會因此氣餒，也不會因此驕傲，因為已經盡其所能。

美國某著名企業的業務經理佛萊德在談到自己的成功管理經驗的時候說：「我的座右銘是論功行賞，我在會議上提出一個由我的助手想出的方法，我會立刻將功勞歸於他。因為我的主管就是這樣對待我，所以我認為這樣做才是公平和正確。」

一直以來，佛萊德的團隊都延續這種公平的精神。

在這個世界上，有很多不公平的事情，我們必須端正自己對待事物的態度。名譽雖然不會因為我們變得公平就可以得到，但是如果我們總是希望憑藉背景和勢力來成事，永遠不會得到名譽。在那些幫助我們的人眼中，我們仍然是失敗的人，因為我們不公平地對待別人的時候，那些幫助我們的人也會藐視我們。

心學堂 28

矽谷禁書

MASTER KEY ARCANA

企劃執行	海鷹文化
作者	查爾斯・哈奈爾
譯者	靜濤
美術構成	騾賴耙工作室
封面設計	九角文化/設計
發行人	羅清維
企劃執行	張緯倫、林義傑
責任行政	陳淑貞

出版者	海鴿文化出版圖書有限公司
出版登記	行政院新聞局局版北市業字第780號
發行部	台北市信義區林口街54-4號1樓
電話	02-2727-3008
傳真	02-2727-0603
E-mail	seadove.book@msa.hinet.net

總經銷	知遠文化事業有限公司
地址	新北市深坑區北深路三段155巷25號5樓
電話	02-2664-8800
傳真	02-2664-8801

香港總經銷	和平圖書有限公司
地址	香港柴灣嘉業街12號百樂門大廈17樓
電話	（852）2804-6687
傳真	（852）2804-6409

CVS總代理	美璟文化有限公司
電話	02-2723-9968
E-mail	net@uth.com.tw

出版日期	2024年03月01日　一版一刷
	2024年03月10日　一版五刷
定價	380元
郵政劃撥	18989626　戶名：海鴿文化出版圖書有限公司

國家圖書館出版品預行編目（CIP）資料

矽谷禁書：這是一本被查禁70年的「致富之書」！
／ 查爾斯・哈奈爾作 ； 靜濤編譯.
-- 一版. -- 臺北市 ： 海鴿文化，2024.03
面 ； 公分. --（心學堂；28）
ISBN 978-986-392-516-3（平裝）

1. 成功法　2. 財富

177.2　　113000935